Topos-Taschenbücher
Band 28

W0236487

Topos-Taschenbücher

Romano Guardini

Religiöse Erfahrung und Glaube

Topos-Taschenbücher

Die Beiträge »Religiöse Erfahrung und Glaube«, »Der Heilbringer in Mythos, Offenbarung und Politik«, »Das Unendlich-Absolute und das Religiös-Christliche« sowie »Über den christlichen Sinn der Erkenntnis« sind dem Werk »Unterscheidung des Christlichen« entnommen.
Der Werkbund-Verlag, Würzburg, erteilte uns die Abdruckgenehmigung für die Beiträge »Die religiöse Sprache« sowie »Nur wer Gott kennt, kennt den Menschen«.

2. Auflage 1979
© 1974 Matthias-Grünewald-Verlag Mainz
Alle Rechte vorbehalten. I. Auflage 1974
Umschlaggestaltung Eschert & Bänder
Herstellung Fränkische Gesellschaftsdruckerei Würzburg
ISBN 3-7867-0441-4

Inhalt

Religiöse Erfahrung und Glaube

I

Zuerst: Was ist das Religiöse?

Bei dieser Frage denken wir noch nicht an Christentum und Kirche, sondern an jene eigentümlichen Vorstellungen und Symbole, Verhaltensweisen und Einrichtungen, die wir überall im Laufe der Geschichte finden und, im Unterschied zu Wirtschaftsleben, Recht, Kunst usf. »Religion« nennen[1].

Das religiöse Leben scheint aus zwei Quellen hervorzugehen.

Einmal aus einer besonderen Art, vom Dasein berührt zu werden. Das Dasein – der Ausdruck in seinem umfassendsten Sinn genommen – enthält Dinge, Lebewesen, Menschen, Geschehnisse, Ordnungen. Das alles hat seine verschiedenen Eigenschaften, des Seins und des Verhaltens, wie sie in der Erfahrung aufgefaßt; seine Gesetze, wie sie durch die Wissenschaft festgestellt werden. Es bildet einen geschlossenen Zusammenhang, »die Welt«, mit ihren verschiedenen Bereichen; gegliedert nach Oben und Innen, Wesen und Ausdruck, Ursache und Wirkung, Zweck und Mittel, Ganzem und Einzelheit, nach Rangordnung des Wertes, Zielen des Geschehens usf. Der Mensch faßt diese Welt als Wesens- und Sinngebilde auf und sucht sie zu verstehen. Er erlebt sie als Widerstand und sucht sie zu überwinden und zu beherrschen. Er erkennt in ihr Forderungen – deren Erfüllung oder Nichterfüllung den Sinn seines Daseins bestimmen, sittliche, kulturelle – und sucht ihnen zu genügen.

1 Zum Ganzen vgl. die Schriften von *R. Otto*, bes.: Das Heilige (zuerst 1917), und: Das Gefühl des Überweltlichen (1932); *W. F. Otto*, Die Götter Griechenlands (1929); *L. Lévi-Bruhl*, La mentalité primitive (1925) und: L'âme primitive (1927); *G. van der Leeuw*, Phänomenologie der Religion (1933); *R. Guardini*, Religion und Offenbarung, Würzburg 1958.

Außer diesem allen aber begegnet dem Menschen in oder an der Weltwirklichkeit noch eine weitere Qualität, ein Wert, eine Wesenheit, eine Forderung. Sie tritt in der Regel an den übrigen Bestimmungen der äußeren oder inneren Welt hervor, wird von ihnen getragen, hebt sich von ihnen ab. Etwa als ein eigentümlicher Charakter am Sein überhaupt: daran, daß überhaupt etwas ist, daß es so ist, daß es solche Mächtigkeit hat, Grenzen hat, bedingt, gefährdet ist ... Oder als eine Bestimmtheit an den einzelnen Erscheinungen innerhalb dieses Welt-Seins: etwa an der Weite des Raumes, der Größe und Zahl der Himmelskörper; an den Rhythmen der Zeit, des Lichtes, des Lebensvollzuges; an der Einsamkeit der Steppen und dem Dunkel der Wälder; an Phänomenen des menschlichen Daseins wie Geburt und Tod, Geschlechterbeziehung, Schlaf und Erwachen, Gefahr, Krieg, Ordnung und Unordnung des Gemeinwesens; an bestimmten Schöpfungen, wie Gebäuden, Bildwerken, Liedern, Symbolen; an besonderen menschlichen Persönlichkeiten und ihrem Verhalten; an Fügungen des Schicksals ...

Diese Qualität kann an allen Daseinsbestimmungen auftauchen und sich mit ihnen verbinden. Sie gibt ihnen eine besondere Mächtigkeit, Erhabenheit, Fremdheit, Furchtbarkeit – aber auch eine ebenso besondere Nähe und Tiefe, etwas zu innerst Berührendes, Anziehendes, Erregendes, Erfüllendes. Sie tritt am Stoff der Welt, an den Dingen und Ereignissen des Daseins hervor; zugleich aber wird deutlich, daß sie weder mit ihnen identisch noch an sie gefesselt ist. Ja, sie bringt den Erfahrenden mit eben den Dingen und Erscheinungen, an denen sie auftaucht, in eine eigentümliche Spannung und macht, daß er diese als uneigentlich empfindet. Die Qualität, von der wir reden, hat das Besondere, daß sie von den Dingen wegruft. Sie kommt nicht aus dem unmittelbaren Zusammenhang des Entstehens und Vergehens der physikalischen, biologischen, psychologischen Wirklichkeit, wie die Eigenschaften des Seins sonst, sondern anderswoher – und ruft anderswohin: dorthin, woher sie kommt.

Das ist die religiöse Qualität. Man hat sie beschrieben als das Geheimnisvolle, Wunderhafte, Numinose, Heilige; das Andersartige, Un-Irdische, Über-Weltliche, Unbekannte. Die Negativa in der aufgezählten Reihe enthalten offenbar Verneinungen besonderer Art. Sie sagen nicht »Nein« schlechthin, sonst würde eine leere Null entstehen, sondern »Nein« mit Bezug auf das, was als »Welt« bezeichnet wird und wovon jeweils die Rede ist. Nicht dieses Gerät da, als greifbares Ding; nicht dieses Gebäude vor mir, als Gebilde aus Stein und Holz; nicht dieser Mensch in seinem biologischen und geistigen Bestand; nicht dieser Regenbogen als atmosphärische Erscheinung. Zugleich aber meinen sie ein Etwas, das genau charakterisiert im Bewußtsein steht und nur deshalb »unbekannt« ist, weil es mit den sonstigen Erfahrungsinhalten nicht ausgedrückt werden kann.

Auch das Organ, mit dem es erfahren wird, hat man verschieden bezeichnet: religiöses Gefühl, Gemüt, Seele, Herz, Gewissen. Diese Benennungen haben etwas Schwebendes an sich. Was sie meinen, ist anders gebaut als die spezifischen Organe und Akte des geistbestimmten Lebens sonst: Verstand, Intuition, Anschauung, Wille, Kraft des Ordnens, Gestaltens usf. Es ist allgemeiner, schwerer zu isolieren. Es ist mehr eine Schwingung, eine Spannung, eine Bewegung des Gesamtlebens, als besonderer »Akt«. Es kann sich mit allen besonderen Akten verbinden – ebenso wie die objektive religiöse Qualität sich mit allen Eigenschaften der Weltgehalte verbinden kann, so daß wir von heiligen Lehren, Bildern, Geboten, Einrichtungen, Bauwerken usf. reden ... So entsteht das religiöse Denken, Schauen, Handeln, Kämpfen, Schaffen. Das religiöse Organ ist auch nicht auf das Geistige allein beschränkt, vielmehr sind an der religiösen Erfahrung außer den »geistigen« auch die emotionalen und die leiblichen Funktionen beteiligt. So kommen wir dazu, die Potenz, welche die religiöse Erfahrung trägt, im Gesamtwesen des Menschen anzusetzen: in einer besonderen Ansprechbarkeit des lebendigen Menschenganzen auf jene numinose Qualität, die ihrerseits an jedem Einzelmoment wie am Ganzen der Welt und des Menschendaseins hervortreten kann.

Die Beziehung »Religiöses Erfahrungszentrum – religiöse Qualität des Daseins« hat, ebenso wie die übrigen Grundbeziehungen, auch ihren »kategorialen Kern«. Wie im Erkennen, im sittlichen Wollen und in den verschiedenen Bereichen des Handelns und Schaffens, so liegt auch im religiösen Bezug ein spezifischer Wert, eine gültige Bedeutung für das Dasein. Diesen religiösen Grundwert hat man mit dem – allgemein gefaßten – Begriff des »Heiligen« ausgedrückt. Davon, ob ihm sein Recht geschieht, hängt, wie von der Stellungnahme zu den Werten der Wahrheit oder des Guten, der Sinn der Existenz ab.

Der Name deutet auch die Richtung an, nach welcher die Bedeutung des Religiösen liegt: Das, was in sich selbst jene besondere Art unirdischer Gültigkeit hat, »heilig« ist, ist auch das Heil-Gebende, Heilende. Was soll geheilt werden? Und geheilt von was? Was soll Heil empfangen? Und welches Heil? Die Art der Bezeichnungen deutet schon an, worum es da geht: nicht um besondere geistige Akte und ihren Sinn, sondern um das Menschendasein selbst, als Ganzes und einfachhin. Es soll geheilt werden von Krankheit, gerettet vom Tod. Aber das genügt noch nicht; es gehört noch die Person mit ihrer Ewigkeitsbezogenheit hinein, und, vor allem, »das Andere«, das Religiöse. Das Menschendasein soll geheilt und gerettet werden von der Krankheit – mit Bezug auf das Heilige; vom Tode – mit Bezug auf das Numinose. Sagen wir also: von der »Verlorenheit«. Es soll einen heiligen Existenz-Sinn empfangen: »ewiges Heil«, »ewiges Leben« – wobei »ewig« zuerst nicht die Dauer, sondern die besondere Daseinsweise des Heiligen meint. Das alles geschieht in der Teilhabe am »Heiligen«, durch Erkenntnis, Berührtheit, liebende Aneignung, und es wären nun die verschiedenen Formen der religiösen Wertrealisation zu nennen, aufgebaut auf den Akten des Erkennens, Wollens, Fühlens; vollzogen in den Vorgängen der Gesinnungsänderung, Reinigung und Sammlung des inneren Lebens; in den Durchbrüchen und Umformungen der Innerlichkeit; in der religiösen Lebensmeisterung und so fort.

Der dargestellte Erfahrungsbezug allein genügt aber noch nicht, um das volle Phänomen des religiösen Verhaltens und der daraus entspringenden Gebilde – der »Religionen« – zu begründen. Zu dieser ersten »Quelle« gehört noch eine zweite. Zur »Erfahrung« muß noch die »Daseinsanstrengung« kommen. Damit bezeichnen wir all jene Bemühungen des Denkens und Vorstellens, der Werterfahrung und Willensentscheidung, der ordnenden und schaffenden Arbeit, welche sich auf die Findung und Verwirklichung des Existenz-Sinnes richten. Die bloße religiöse Erfahrung bleibt stumm, gestaltlos, unfruchtbar, ja sie kann drücken und zerstören, wenn sie nicht mit den verschiedenen Sinngebieten des Lebens und der um ihre Aufhellung ringenden Arbeit in Verbindung tritt.

So gibt es zum Beispiel die Erfahrung jenes religiösen Momentes, das im Ursprung liegt. Es wird hinter dem Erwachen am Morgen empfunden, hinter der Geburt, hinter dem Entstehen der Dinge überhaupt: als jenes Geheimnis, »aus dem alles kommt«. Diese Erfahrung allein aber führt nur zu einem stummen Verehren oder Erfülltsein. Die nur intellektuelle Frage nach dem Ursprung der Welt wiederum läuft in die bloß wissenschaftliche oder philosophische Antwort aus, welche einen leeren Raum läßt. Aber nicht deshalb, weil in der Reihe der erkannten Wirkungen und Ursachen eine Lücke bliebe, sondern weil die Reihe, mag sie noch so vollständig sein, als Ganzes nicht genügt. Denn die Frage nach dem Woher hat von vornherein verschiedene Schichten. Nachdem alles gesagt ist, was vom unmittelbaren Weltverständnis her gesagt werden kann, bleibt sie weiter bestehen, weil sich in ihr noch die religiöse Schicht meldet. Diese kommt erst zur Ruhe, wenn sich mit der intellektuellen Frage die religiöse Erfahrung verbindet – sei es nun selbständig oder in der Form des Mitvollzuges. Erst dann entsteht ein volles religiöses Phänomen: die Erfahrung des religiösen Ursprungs, in Bewegung gebracht und aufgehellt durch die Hilfsmittel der gedanklichen Fragestellung; ausgedrückt in den heiligen Lehren vom Ursprung der Welt und des individuellen Daseins, in den kultischen Weihungen des Morgens und der Geburt, in den Symbolen des Neuwerdens ... Ebenso reichen zur Antwort auf die Frage nach dem Sinn des Geschehens bloß geschichtliche oder soziologische Gedankengänge nicht hin, weil sie eine Schicht enthält, auf welche diese Überlegungen überhaupt nicht bezogen sind. Die eigentliche Antwort kommt erst dann, wenn das im geschichtlichen Vorgang und in den soziologischen Gebilden sich ausdrükkende religiöse Etwas, das Geheimnis des Lebensgeschehens, das Unbegreifliche und doch Erfüllende des Daseinsstromes, glaubwürdig erfahren wird. Dann verbindet sich die rationale Erwägung mit dieser Erfahrung; es entstehen die verschiedenen Formen des Mythos, des Glaubens an Führung, Vergeltung Gericht ... Entsprechendes wäre vom Leiden zu sagen, vom Tode, von der Sünde und so fort.

Entsprechendes gilt aber auch von den gegenständlichen Weltbereichen. Was ist zum Beispiel das Licht? Der Himmel? Die »obere« Weltzone im Unterschied zur unteren? Astronomische Antworten erschöpfen die Frage nicht, weil diese mehr meint, als jene geben können. Das Mehr kommt erst zur Ruhe, wenn an dem genannten Seinsbereich besondere religiöse Erfahrungen auftauchen; am physisch-psychischen Lichtphänomen die numinose Klarheit zur Gegebenheit gelangt, mit den natürlichen Überlegungen in Verbindung tritt, und so die eigentlich religiöse Tatsache des »heiligen Lichtes«, der waltenden Höhe, der machtübenden Himmelswölbung herauskommt... Demgegenüber jener Seins- und Sinnbereich, den die Erscheinungen der Tiefe, Verborgenheit, Macht; des Schlafes und des Todes; der Fruchtbarkeit und zugleich des Grauens der Erde ausdrücken ... Oder auch nur das geheimnisvolle Ding, »Baum« genannt. Schon daß es als geheimnisvoll empfunden wird, zeigt die besondere Schicht an, die in der Frage liegt. Eine bloß intellektuell gemeinte Frage nach dem Wesen des Baumes wird nie auf den Eindruck des Geheimnisvollen bezogen sein. Es ist nicht nur ein Irrtum, sondern eine Flachheit, wenn der Positivismus die Empfindung des Geheimnisvollen als Ausdruck dafür nimmt, daß der wissenschaftliche Sachverhalt noch unklar ist. Noch nicht durchschaute wissenschaftliche Sachlage allein bedeutet nie »Geheimnis«, sondern »Problem«. Die Geheimnisempfindung ist eine spezifische; sie deutet die religiöse Zone an und verschwindet mit der wissenschaftlichen Antwort nicht – das heißt, sie kann auch verschwinden; doch nicht, weil sie ihre legitime Lösung gefunden hätte, sondern weil sie unter der Herrschaft der bloßen Rationalität gestorben ist. Das ist aber alles andere als ein Gewinn. In der Frage nach dem Wesen des Seins; richtiger in der Frage, was das ist, daß ich bin, und um mich her etwas ist, liegt eine religiöse Schicht. Erst wenn ihr durch echte religiöse Erfahrung Genüge geschieht, kommt die Frage zur Ruhe. Erst von der religiösen Erfahrung her gewinnt die den verschiedenen Wirklichkeitsbereichen und Sinngebilden des Daseins zugewendete intellektuelle Bemühung ihre letzte Tiefendimension – ebenso wie die religiöse Erfahrung ihrerseits sich erst an jenen Seinsgebieten und mit Hilfe der natürlichen Forschung entfaltet und fruchtbar wird.

Was vom »Fragen«, das heißt vom Suchen nach »Wahrheit« gesagt wurde, gilt aber auch vom Streben nach Freiheit, nach sittlicher Entfaltung, nach Ordnung und Recht, nach Glück, nach personaler Erfüllung. Ohne die religiöse Erfahrung bleibt in alledem ein Leer-Raum, eine Unruhe, eine Uneigentlichkeit. Erst von ihr her wird das Phänomen des menschlichen »Strebens« und seiner »Erreichungen« voll. Umgekehrt aber: Ohne die Entfaltung an der Welt; ohne das, was wir »Kultur« nennen, also intellektuelle, axiologische, symbolhafte, praktische, schöpferische Anstrengung, bleibt das religiöse Erfahren verschlossen, stumm, unfruchtbar. Ja, es kann gefährlich werden, ängstigen, den Charakter der Bannung annehmen, zerstören.

II

Fragen wir nun, wie sich die religiöse Erfahrung geschichtlich ausgewirkt hat. Wie sich der Erfahrensakt selbst entfaltet und mit den Anstrengungen um die Eroberung des Daseins verbunden hat; wie von ihm her das Denken verstanden worden ist, und welche Ergebnisse aus seiner Deutung hervorgegangen sind (Religionen).

Ich versuche, die Antwort durch ein Schema zu geben, das geeignet scheint, die Ergebnisse der religionswirtschaftlichen Forschung einzuordnen.

Am Anfang – welcher Anfang noch jetzt, wenngleich in raschem Absterben begriffen, bei den »primitiven« Völkern vorhanden ist – steht ein religiöser Zustand, der durch zwei einander befehdende Theorien, die »manistische« und die »animistische« gedeutet wird.

Jene sagt, das Erste sei ein intensives Bewußtsein von einer waltenden religiösen Macht, einer alles durchströmenden numinosen Energie. Also noch keine Vorstellung von Göttern oder höheren Wesen, sondern der Eindruck einer überall wirkenden, aus allem entgegentretenden, geheimnishaften Mächtigkeit; eines »weise-losen«, aber jeder näheren Bestimmung sich einpassenden Etwas, das mit einem schwebenden Ausdruck bezeichnet wird: *Mana, Orenda, Manitu* usf. Überall ist »Macht«. Damit ist nicht Naturkraft, psychische Stärke, politische Potenz usf. gemeint – vielmehr auch das; auch das unmittelbar gegebene Ding oder Geschehnis, aber aus einer geheimnisvollen Quelle hervorgehend, von einer wunderhaften Energie durchströmt. Der Primitive würde wahrscheinlich sogar sagen, das wirkliche Gerät, oder der Acker, oder der Krieg; was wir mit diesen Namen bezeichnen, sei ein abgespaltenes, dünn gewordenes Kunstprodukt. In Wahrheit seien Welt- und Menschendasein so, wie er sie erfahre .. Die Macht ist beständig im Wirken und Sich-Wandeln begriffen. Sie empfängt ihre Charakterisierungen, entfaltet ihre Inhalte an den Inhalten der Welt und des Daseins, am jeweiligen Begegnenden und Geschehenden: der wachsenden Saat, dem Tier, dem Blitz, dem Gestirn, dem König, dem Weibe, der Krankheit und anderem. Diese Wirklichkeiten sind machthaft, Mana-Verdichtungen. Das religiöse Organ erfaßt sie so. Berührtwerden von der Macht und Auffassung des Dinges in seinem empirischen Sein gehen zusammen. Eines wird aus dem Anderen verstanden – doch so denken wir, indem wir von einer Scheidung des Numinosen und des »Welthafen« ausgehen! Der Primitive hat noch nicht geschieden. Er empfindet das Ganze des Daseins als Einheit: im Begegnenden sich spezifizierende Macht; von Macht erfüllte Ding- und Ereigniswelt ... Um so stärker wird die Macht empfunden, je überfallender, erregender das Ding ist: ein außergewöhnlicher Bau, ein besonders geformter Felsen, ein sehr helles Gestirn, Höhepunkte des Lebens, Krisenerscheinungen der Gemeinschaft und anderes mehr. Aber auch das ist schon Psychologismus. Wenn das primitive Erfahren im besonders erfolgreichen Jäger mehr Mana sieht, so deutet es damit nicht nachträglich den eingetretenen Erfolg, sondern Jagdglück ist von vornherein Macht und wird sofort so empfunden. Die religiöse Empfindlichkeit (Divination) erfaßt und gliedert die Erscheinungswelt nach Graden und Besonderheiten des Machtgehaltes ... Da aber die ganze Lebenshaltung, die Struktur des Vorstellens, Empfindens und Wertens, das gesamte organopsychische Leben demgemäß geartet ist, sind diese Machtverkörperungen auch tatsächlich wirksam und bestimmen den faktischen Gang des Lebensgeschehens. Wenn ein Primitiver überzeugt ist, daß die Macht ihn verlassen hat, verliert er wirklich seine jägerische oder kriegerische Kraft; er wird wirklich krank und stirbt.

Die andere Theorie stellt an den Anfang die Erfahrung der »Seele«. Der Mensch erfaßt die eigene konkrete Existenz mit seinen täglichen Sinnen. Er begegnet ihr aber auch im Traum, und zwar unter erregenden Umständen: etwa in einer fremdartigen Verfassung, oder als an anderem Orte befindlich. Im Traum begegnet er auch Menschen, die weit weg wohnen, oder lang verstorben sind. Dieses andere Sein deutet er mit der Vorstellung der »Seele«. Damit ist aber nicht »Geist« im späteren Sinne gemeint, das Immaterielle im Unterschied zum Körper, sondern er selbst, der Mensch, als Ganzes, nur in anderem Zustande. Eine andere Modifikation des konkreten Seins; eine Art Doppelgängerschaft, kraft deren der Mensch anders existiert als in seiner ersten Gestalt. Mittels ihrer kann er sich an einem anderen Orte aufhalten, als es der ersten Form nach der Fall ist; oder in anderer Gestalt, etwa als Tier, oder Baum, oder Ding[2]. Diese Vorstellung zeigt, daß die Anwendung des Satzes vom Widerspruch auf die menschliche Existenz nicht sehr alten Datums ist, und daß die früheste Mentalität auf dem Bewußtsein des Ineinandergegebenseins der Dinge ruht. Auch diese Vorstellung dürfte mit dem Gefühl eines numinosen Altverbundenseins zusammenhängen, durch welches die natürliche Umrissenheit der Dinge nur relativ, und alles Geschehen als Ausfluß eines beständigen Machterweises erscheint.

»Seele« nun ist das Mächtige, Geheimnisvolle, Numinose. Von hier aus deutet der Primitive das Sein. Alles hat eine solche »Seele«; Dinge, Vorgänge, Lebewesen. Sie ist es, die ihn in der

---

2 Ein für uns sehr fremdartiger, aber bei allen primitiven Völkern vorhandener Vorstellungskomplex. Reste davon enthalten unsere Märchen, wenn sie erzählen, wie ein böser Zauberer oder Riese sein »Leben« nicht in sich selbst, sondern anderswo, in einem weit weg verborgenen Ding oder Tier hat, und nur getötet werden kann, wenn dieses Ding zerstört wird.

Erscheinung numinos berührt; vor der er sich fürchtet; die er zu versöhnen oder in seine Gewalt zu bringen versucht. Besonders intensiv wird diese Vorstellung von der Erfahrung des Todes her. Die Toten sind bloße »Seele« geworden. Nicht in unserem Sinne, als vom Körper gelöste Spiritualität, sondern als unsichtbare, andersartige, machthafte Daseinsform des ganzen Menschen. Sie haben ungeheure Macht – so sehr, daß ein Held der feindlichen Familie drohen kann, er werde sich selbst töten, um die ganze furchtbare Macht des Totenzustandes für seinen Haß zur Verfügung zu haben.

In den beiden Theorien zeigt sich eine Polarität: dort ist das Numinose eine amorphe, strömende, sich überall verdichtende Macht, hier sind es «Seelen», geformte Gestalten, zentrierte Wesen mit Eigenart; ein charakterisiertes Dasein führend; mit Initiative, mit Willen und Gesinntheit, freundlicher oder feindlicher, und mit großer Macht. Sie stehen hinter den »ersten« Gestalten der Dinge, in ihnen, in Relation zu ihnen … Vielleicht gehen die beiden Theorien auf einen Strukturgegensatz zurück, der nicht mehr aufgelöst werden kann.

Das Prinzip der weiteren Entwicklung scheint nun darin zu bestehen, daß die freiströmende numinose Macht oder überall empfundene Beseelung sich in bleibende Gestalten zusammenzieht; unter diesen Machtgestalten aber einzelne mit überragender Bedeutung hervortreten.

Grundlage für diesen Vorgang ist einmal die Entfaltung des religiösen Empfindens selbst; andererseits die religiöse Durchdringung bestimmter, besonders bedeutungsvoller Daseinsbereiche, etwa jenes der Nacht, oder der Krankheit, oder des Wachstums. Die schöpferischen Kräfte religiöser Kultur entwickeln sich; die Maßstäbe dieser Kultur werden anspruchsvoller; das religiöse Bewußtsein drückt sich aus, versteht sich mittels Reflexion und Bildschöpfung, befreit sich von der Bindung und dem Druck der bloßen Unmittelbarkeit. Es entstehen Vorstellungen von übermenschlichen oder außermenschlichen Wesen; von numinoser, auf besondere Werte hin bestimmter Macht … Es entstehen die Mythen, die Kulte mit ihren fundierenden heiligen Berichten. Eine Götterwelt im strengen Sinn des Wortes, das Phänomen der Groß-Götter, scheint dann herauszukommen, wenn die numinose Mächtigkeit in einem ganz überragenden, klar definierten und bleibenden Sinngefüge Gestalt gewinnt: etwa in dem des überwölbenden Himmels, des Lichtes, der ordnenden und herrscherlichen Gewalt, der Väterlichkeit. Hier ist ein Sinnganzes, groß genug, um numinose Erfahrung von gewaltiger Intenstiät in sich zu sammeln; gültig und allgemeinverständlich genug, um im ganzen Leben der betreffenden volklichen Gruppe und durch lange Zeit hin zur Geltung zu gelangen.

Vielleicht ist, damit das geschieht, noch ein geschichtliches Ereignis nötig, das den Gott als besonders zugehörig, mächtig, rettend erleben läßt. Und ein Mensch mit ungewöhnlichen Möglichkeiten religiösen Übermächtigtwerdens; mit schöpferischer Kraft des Schauens; mit einer Kraft des Empfangens und Hervorbringens, die groß genug ist, daß die sich anmeldende numinose Sinn-Macht aus ihr Gestalt gewinnen kann – das heißt ein Seher. In ihm wird der Gott gleichsam geboren. Seine Verkündung stellt ihn autoritativ ins allgemeine Bewußtsein, so daß er nun für alle da ist[3].

So erfüllt sich ein Sinnbereich des Daseins mit numinoser Wesenheit, und das Ganze drückt sich in einer für Volk und Zeit gültigen Gestalt aus – ein Sinnbereich, der immer wieder zur Geltung kommt, die Totalität des Lebens angeht, sich aber doch von anderen Bereichen als ein besonderer unterscheidet. Der Bereich des Himmlischen zum Beispiel betrifft den Gesamtzusammenhang des Daseins; scheidet sich aber genau vom Bereich des Unteren, Dunklen, Fruchtbaren, Hervorbringenden, von der nährenden, spendenden, gebärenden, zugleich furchtbaren und verschlingenden Erde, vom Schlaf und Tod ab. Die uranischen Gottheiten unterscheiden sich von den chthonischen, Zeus von Gaia, aber beide sind echte, im Gesamtbereich des Daseins bedeutungsvolle Götterwesen.

Das Dasein wird durch die numinose Erfahrung gedeutet, religiös benannt, geordnet, durchwaltet – anderseits wird die numinose Mächtigkeit selbst von den verschiedenen Sinnbereichen

3 Der geschichtliche Kern der aitiologischen Mythen.

des Daseins her aufgeschlossen, auseinandergelegt. Die Welt mit ihrer Mannigfaltigkeit wird im Numinosen beheimatet – ebendadurch die religiöse Erfahrung kulturell verarbeitet und entwickelt. Darin dringen die verschiedenen »geistigen« Akte in den Raum des religiösen Erlebens ein. Das Numen wird der Sinnprüfung unterstellt, und so die ethische, rationale, historische, mit anderen Worten, die kritische Frage in Gang gebracht.

Damit beginnt die Unterminierung jener numinosen Gestalten. Sie halten der kritischen Frage auf die Dauer nicht stand. Die Forderung des ethischen Denkens zum Beispiel duldet auf die Dauer keine Mehrheit von Göttern. Sie drängt auf absolute Normen, die ihrerseits eine einheitliche Ordnung der religiösen Welt voraussetzen. Ebenso die philosophische Frage, welche unablenkbar auf ein absolutes Letztes gerichtet ist, sei es nun des Wesens, oder der Ordnung, oder der Norm. Auch das soziale Denken sucht eine Monarchie im Göttlichen, um darin die letzte Gewähr für Ordnung und Autorität zu finden ... Anderseits liegt es in der Natur der religiösen Erfahrung selbst, daß die herausgestellten Numina nur eine gewisse Zeit lang lebendig bleiben beziehungsweise ertragen werden. Die Geschichte zeigt, wie die verschiedenen Göttergestalten immer wieder durch neue Durchbrüche religiöser Erfahrung ins Fließen kommen. Staat und Gesellschaft mit ihrer konservativen Tendenz suchen sie zu erhalten; die drängende Frömmigkeit der geistigen und volkstümlichen »Bewegungen« aber bringt sie in Fluß. So dringen allmählich Vorstellungen von Ober-Gottheiten durch, welche die Mannigfaltigkeit der Numina zusammenfassen, zum Beispiel des höchsten Himmelsgottes. Oder von Quer-Gottheiten, welche durch die verschiedenen besonderen Göttergestalten hindurchreichen, wie die des Schicksals. Oder die verschiedenen Numina gehen ineinander über, treten füreinander ein, erscheinen als Modifikationen eines einzigen Grundwesens, so im späten Dionysos oder im hellenistischen Zeus.

Dazu kommen besondere Vereinigungserfahrungen. In den Mysterienkulten wird die All-Einheit des Lebens; im Spiritualismus der hellenistischen Zeit die All-Ordnung des Seins; die alles durchwaltende Vernünftigkeit, die All-Gültigkeit der höchsten

Werte, des Wahren, Guten und Schönen als Basis einer All-Göttlichkeit erlebt.

Das führt schließlich zum Durchbruch all-einheitlicher Gottesbilder: erlebnishaft-kultischer Art als mystische All-Einsvorstellungen; denkerisch-philosophischer Art als Begriffe vom höchsten Sein, Wert und Intellekt, wie das Brahman der Inder und der Nous oder Logos des Hellenismus[4].

Der geschilderten Entwicklung des Objektiv-Religiösen entspricht eine solche des Subjektiven. Wir können hier nur kurz darauf hinweisen: Die religiöse Empfänglichkeit verändert sich; das Ganze der religiösen Akte wächst auf Tiefe oder Breite, Intensität oder Mannigfaltigkeit, Konzentration oder Differenzierung hin. Den verschiedenen Gegenständlichkeiten sind ebensolche Unterschiede der Akte und Zustände zugeordnet. Hierher gehört alles, was Anlage und religiöses Erbe heißt; aber auch Bildung durch Andere und durch sich selbst; Wachstum ebenso wie Übung; innere Folgerichtigkeit wie herankommendes Ergebnis...

III

In dieser langen Reihe, vom »Mana« samt seinen Verdichtungen wie den Beseelungsvorstellungen der Primitiven, samt ihren verschiedenen Umformungen bis zur mystischen Allgottheit und dem absoluten Einen der religiösen Spekulation, liegen gewaltige Einschnitte: religiöse Intuition leuchtet auf, innere Tiefenschichten dringen durch, bisher unbewältigte Daseins- und Weltwirklichkeiten werden aus numinosen Erfahren gedeutet. Trotzdem bildet diese unabsehbare Mannigfaltigkeit ein einziges Gesamtphänomen.

Seine verschiedenen Abschnitte werden vom gleichen Akt getragen: der freiwaltenden numinosen Erfahrung. Das gleiche dif-

---

4 Hierbei sehe ich von der Frage ab, ob es einen von Anfang an wirksamen Monotheismus gibt – theologisch als Ergebnis einer verborgenen Gnadenwirkung auf den kommenden Messias hin zu verstehen; zugleich als Nachwirkung des gläubigen Paradies-Bewußtseins. Dieses Moment wäre dann in den verschiedenen psychologischen und historisch sichtbaren Vorgängen wirksam.

ferenzierende Prinzip liegt zu Grunde: das Dasein und die auf seine verschiedenen Sinnbereiche bezogene geistige Arbeit. Sie stehen im selben Raum: der Welt, welche Natur und Kultur in sich begreift. Die verschiedenen Religionen, als objektive Gebilde, wie als Akt- und Haltungsformen, stehen in einer fortgehenden Linie. Damit ist nicht »Entwicklung« im alten Sinn gemeint, wonach durch allmähliche Anpassung und Umbildung eine Gestalt in die andere überginge. Keine wirkliche Gestalt geht in eine andere über; sie stirbt, und eine neue wird geboren. Nie entstehen »aus« primitivem Dynamismus Groß-Götter im eigentlichen Sinn. Sondern die religionschaffende Grundmacht, die überall wirkende Erfahrung des Göttlich-Anderen läßt die Formen, in denen sie sich ausgedrückt hat und die im Voranschreiten ebendieser Erfahrung unzureichend werden, fallen, und neue tauchen empor. Die einzelnen Gestalten der Reihe unterscheiden sich voneinander oft sehr schroff, scheinbar unversöhnlich; dennoch sind die Unterschiede solche innerhalb derselben Weltlichkeit. Die religiöse Erfahrung mag so tief sein, so stark, so sublim wie sie will; sie mag sich mit den ranghöchsten kulturellen und mit den edelsten persönlichen Werten, mit den mächtigsten und seltensten menschlichen Kräften verbinden – immer ist sie ein Element der unmittelbaren Begabung des Menschen, bleibt im Raum der unmittelbaren Welt, ist selbst Welt.

Man kann diesen Sachverhalt an zwei Rückproben feststellen. Faßt man den Weg ins Auge, den die religionsgeschichtliche Gesamtentwicklung nimmt, so scheint er von einer Vielheit religiöser Gestalten zu immer stärkerer Einheit, ja zur Ein-Göttlichkeit zu führen. Das bedeutet auf den ersten Blick einen unbedingten Fortschritt. Ohne weiteres ist es reiner und richtiger, die numinose Wirklichkeit als einziges, vollkommenes, allwirkendes, mit einem Wort, absolutes Wesen zu denken. Um aber die klare Vergleichsebene herzustellen, müssen wir einige kleine Operationen vornehmen: einmal aus den frühen Formen das heraus nehmen, was einfach kulturelle Unentwickeltheit ist, Mangel an ethischer Entfaltung, unkontrollierte Phantastik des Denkens, naturhaftes Triebleben, und sie auf ihren rein religiösen Gehalt bringen. Anderseits uns klarmachen, was an den

»monotheistischen« Gestalten in Wahrheit nur logische Verein-
heitlichung, Abnahme schaffender Vorstellungskraft, Begriff-
lichkeit späterer Bildungsepochen ist; dürfen auch nicht vergessen, was wir Heutige aus dem Offenbarungsglauben her in die
indischen oder hellenistischen Monotheismen hineinsehen. Wenn
das geschehen ist – können wir dann wirklich von einem eindeutigen Fortschritt reden? Die richtigere Vorstellung ist zwei-
fellos ein Gewinn; zugleich läßt aber die Intensität der unmittelbaren Erfahrung nach. Es wird mehr gedacht als erlebt. Die
göttliche Einheit tritt deutlich hervor; zugleich entleert sich die
Welt an religiösem Gehalt. Im Maß die Gottesvorstellung richtiger wird, wird die Welt profaner. Ja, sogar in der Gottesvorstellung selbst macht sich ein Verlust bemerkbar: wohl dringt die
Einheit und Absolutheit siegreich durch, das Menschenmäßige
wird abgestreift, das Geistige herausgearbeitet – dafür verliert
aber die Vorstellung selbst an inhaltlicher Fülle und an konkreter Faßlichkeit. Sie rückt von der Wirklichkeit des Menschen in
der Welt ab. Sie büßt ihre unmittelbare Beziehung zu den geo-
graphischen und kulturellen Gegebenheiten, zu den besonderen
volksmäßigen Gruppen und sozialen Schichtungen ein. Sie wird
allgemeiner und eben damit uncharakteristischer. Wenn aber religiöses Leben bedeutet, daß Alles und Jedes von der Gotteswirklichkeit her auf sie hin vollzogen wird, so wird es damit viel
schwerer, ein unmittelbar-religiöses Leben zu führen.
So wird jeder scheinbar eindeutige Fortschritt auf die religionsgeschichtliche Ein-Göttlichkeit hin bei genauerer Betrachtung
recht fraglich. In Wahrheit gehört er also der allgemeinen Bewegung der Kultur an, in der immer die Erringung eines Wertes
mit dem Verlust eines anderen bezahlt wird. Gewiß verschlie-
ßen wir uns nicht der denkerischen Leistung, die im plotinischen
Höchsten-Einen liegt; oder der Versenkungsarbeit, Seelenreini-
gung und religiösen Erfahrungsfülle, welche nötig waren, um
die Brahman-Realität zu Bewußtsein zu bringen. Wenn wir
aber demgegenüber die religiöse Erfahrungskraft der Primitiven würdigen, die nicht Sache weniger hochentwickelter Einzel-
persönlichkeiten, sondern des ganzen Volkes war; wenn wir uns
ernsthaft um die Vorstellungen bemühen, mit denen sie arbeiten; die Mißverständnisse der Berichterstatter abstreifen und

sehen, wie viel tiefstes, seitdem verlorenes religiöses Gut jene Vorstellungen enthalten, dann wissen wir nicht, ob wir überhaupt von einem eindeutigen Fortschritt reden können[5].

Das ist die erste Rückprobe, aus welcher die Einheit des religionsgeschichtlichen Gesamtphänomens hervorgeht. Eine andere liegt darin, daß die verschiedenen Phasen im selben Volk, ja im selben Einzelnen zusammenbestehen können. Die nämliche Erfahrung und Denkgesinnung, welche im neuplatonischen System jene Höchstleistung religiöser Monomorphie hervorbringt, von der die Rede war, erzeugt zugleich eine Unzahl von Mittelwesen zwischen jener Über-Gottheit und dem Menschen, das heißt aber wieder »Götter«, die sich nur unter dem Druck jenes höchsten Wesens nicht entfalten können. Ja, scheinbar überwundene Phasen können wiederkommen. Nachdem achtzehntes und neunzehntes Jahrhundert so selbstbewußt die »reine« Gottesidee herausgearbeitet, alle »anthropomorphen« Elemente ausgeschieden und eine Religiosität gepflegt hatten, die jeder Anforderung der Philosophie und Ethik gerecht werden sollte, trat jene Linie hervor, die mit Hölderlin beginnt und über Nietzsche, Stefan George und Rainer Maria Rilke zu uns führt. Heute scheinen »Götter« ganz anders ernsthafte Möglichkeiten zu sein, als sie es für die Weimarer Klassik gewesen sind. Die religionspsychologische Situation, aus welcher Götter hervorgehen könnten, scheint nicht allzu fern – wenngleich sie natürlich von anderer Art sein würden als die früheren, vielmehr ihre Ansatzstelle wohl dort finden müßten, wo die entscheidenden Verschiebungen im geschichtlichen Bewußtsein vor sich gehen: etwa in der Weise, wie das Volk erlebt wird, das Blut, der Staat, die Macht usf.[6] Ja, es scheinen religiöse Denk- und Erlebnistenden-

---

5 *Lévy-Bruhl* untersucht in seinen bereits genannten Schriften diese Vorstellungen sehr sorgsam. Es ist ein hohes Verdienst, daß er sie gegenüber den rationalistischen Zerdeutungen auf ihren rein religiösen Gehalt bringt, und gegenüber dem »logischen« das Recht des »prälogischen« Bewußtseins wahrt. Trotzdem ist er selbst zu sehr historischer und psychologischer Rationalist, um den Sinn dieser Vorstellungen zu sehen. Worum es sich handelt, kann einem klar werden, wenn man z. B. merkt, welche Hilfe diese angeblich überholten Vorstellungen beim Verständnis der paulinischen Gedankenwelt, das heißt also christlicher Grundtatsachen, leisten können.

6 Freilich wäre ein Polytheismus nach Christus etwas anderes als vor Christus.

zen wirksam zu sein, deren Struktur jener des Mana-Phänomens nicht unähnlich ist. Ich erinnere an die Neigung der jüngsten Zeit, das Göttliche aus der Personengestalt, ja aus jeder aussagbaren Bestimmtheit zu lösen und in die Form einer unfaßbar waltenden Macht, eines »Es« zu bringen. Selbst scheinbar so entschieden christliche Gedankenrichtungen wie die dialektische Theologie sind vor dieser Möglichkeit nicht sicher.

Bei aller Bedeutsamkeit der trennenden Unterschiede bildet die Reihe dieser Gestaltungen ein einziges Phänomen. Sie alle entspringen aus den gleichen Voraussetzungen, lösen einander ab, gehen ineinander über, verschwinden, kehren zurück. Das Entstehen der einzelnen Formen bedeutet jeweils den Gewinn bestimmter religiöser Werte und den Verlust anderer. Sie bilden ein solches Kontinuum, daß es fraglich ist, ob auf ihre Abfolge auch nur der Begriff des Fortschritts angewendet werden kann; ob nicht vielmehr der einer strömenden Bewegtheit am Platze ist, in der die Gestaltungen wellenmäßig kommen und gehen.

IV

Vom christlichen Standpunkt aus gesehen, gehören sie insgesamt der »natürlichen« Religiosität, der religiösen Unmittelbarkeit an. Bei aller Innigkeit und Glut des numinosen Erlebens, bei aller Bedeutsamkeit gedanklicher und worthafter Gehalte, bei aller menschenbildenden und daseinsformenden Kraft bleiben sie doch in einer letzten Unverbindlichkeit. Vor ihnen – auch vor den »monotheistischen« Gottesgestalten – ist jener Akt unmöglich, welcher die alt- und neutestamentliche Haltung begründet: der »Glaube«; deshalb, weil sie alle nicht aus jener Weise des Gegebenseins hervorgehen, die im Alten Testament und Neuen Testament »Offenbarung« heißt.

Nun nimmt aber auch die allgemeine Religionswissenschaft den Begriff der Offenbarung in Anspruch. Sie stellt fest, daß viele Religionen sich als absolut zu erweisen suchen, indem sie sich auf himmlische Eingebung berufen. Oder sie untersucht das Er-

---

Das alte Heidentum stand im Advent, vor der geschichtlichen Scheidelinie schlechthin; das neue steht dahinter.

lebnis des Religionsstifters, indem sie zeigt, daß es den Bewußtseinsdurchbruch eines neuen, bis dahin verborgenen, religiösen Gehaltes in einem seherisch begabten Menschen, einem »Propheten«, gibt; einen persönlichen Vorgang, der dann auch für die Allgemeinheit bedeutungsvoll wird.

Nehmen wir ein Beispiel: Ein Mensch wandert allein. Es wird Mittag; die Sonne brütet; alles scheint stillzustehen. Da kommt ihm zu Bewußtsein, wie einsam er ist, und er fängt an, sich zu fürchten. Er überwindet diese Furcht; ethisch, indem er sich zusammennimmt, oder lyrisch, indem er ein Gedicht daraus macht. Oder er unterliegt ihr, und sieht zu, daß er in Menschennähe kommt. Im übrigen ist das Erlebnis nicht weiter wichtig. Damit kann es aber auch anders gehen: daß in der heißen, regungslosen Stille des Mittags auf einmal ein Schrecken über ihn fällt, der gar nichts mit dem, sagen wir, bürgerlichen Gefühl des Alleinseins zu tun hat. Was war das? Der alte »panische« Schrekken. Wir brauchen das Wort auch heute noch, wenn wir von »Panik« reden, da hat es aber seinen Sinn verloren. In Wahrheit steckt der Name »Pan« in dem Wort, und wo die Erfahrung echt ist, enthält sie ein numinoses Element. Nehmen wir nun an, es wäre ein Hirte im alten Griechenland oder Kleinasien gewesen, der dieses Erlebnis hatte, in jenen großgestalteten, sonnenglühenden Bergeinsamkeiten. Nehmen wir weiter an, er wäre nicht nur ein lebendig empfindender, sonst aber ruhig im täglichen Dasein stehender Mensch gewesen, sondern religiös schöpferisch: ein Mensch also, welchem hinter dem Schrecken nicht nur eine numinose Wesenheit deutlich wurde, sondern dem sich diese Wesenheit in ein Bild verdichtete. In ein Bild, in dem das Erlebnis mit bestimmten Sinnstrukturen des Hirtendaseins zusammenwuchs, so daß nun auch andere, die ähnliches erfahren hatten, ihre Erfahrung in dieser Gestalt wiedererkannten. Nehmen wir also an, der Mann wäre ein Seher gewesen, dann hätte auf einmal eine seltsame Gottheit vor seinem Auge und in seinem Gefühl gestanden: halb Tier-, halb Menschengestalt; mit einem Blick, in dem die Natur selber redete, und doch wieder mehr als nur Natur; den Schrecken der Einsamkeit, die tolle Gewalt der Naturmacht ausstrahlend, zugleich aber auch ihre innere herz- und sinnverführende Macht: der Gott Pan. Stark genug erfahren, schöpferisch genug, subjektiv überwältigend und zugleich objektiv so gültig, daß es für eine gewisse volkhaft-kulturelle Allgemeinheit typisch werden konnte, wäre das Erlebnis »Offenbarung« gewesen. Durchbruch einer numinosen Wirklichkeit, die sich in einem bestimmten Daseinsbereich ausdrückt, Geburt einer numinosen Gestalt, durch welche ein Sinnbereich des Daseins religiös gedeutet wird. »Pan« ist nicht als »Personifizierung« irgendeiner Naturerscheinung entstanden, oder als allegorische Antwort auf die Frage nach dem Grund bestimmter Natureindrücke. Das sind Rationalismen. Dieses Götterwesen ist aus einem Erlebnis hervorgegangen, in dem einem besonders Begabten, einem Seher – der vergessen ist, aber im Religiösen vielleicht ebenso genial war, wie ein Thales als Philosoph oder ein Polyklet als Bildhauer – diese Gestalt in Gefühl und Auge trat, eine bestimmte religiöse Möglichkeit so gültig aussprechend, daß von nun an auch andere, die in der Einsamkeit an sie streiften, sagen konnten: »Das ist Pan!«

Entsprechend wären – unter Berücksichtigung der vielfältigsten Umstände – auch die anderen Numina auf ein Offenbarungserlebnis zurückzuführen, von den Fruchtbarkeits- oder Gestirngöttern früher Stufen bis zu den Groß-Gottheiten der Inder und Griechen, ja bis zu den sublimen Konzeptionen des Brahman, des Nous, des Über-Seienden.

Diesem Erlebnis wird dann eine besondere Art der Überzeugtheit zugeordnet, die durch Einwände oder Argumente vom Profanen her nicht zu erschüttern ist, weil sie in einer numinosen, von anderswoher kommenden Erfahrung fundiert ist, nämlich der »Glaube«.

Wäre das Offenbarung und Glaube im biblischen Sinn? Nein, sondern nur eine bestimmte, besonders intensive Art religiöser Erfahrung.

Was also ist Offenbarung im alt- und neutestamentlichen Sinne? Sie bedeutet gerade die Durchbrechung jenes Zusammenhanges von religiöser Erfahrung und Weltdeutung. Sie steht zu jedem Erfahrungsbereich, auch und gerade dem religiösen, quer.

Damit wird nicht behauptet, jene religiösen Erfahrungen seien bloß »natürlich«, wie die rationalistische Psychologie das Wort versteht; also etwa dem Ästhetischen verwandte Harmonie- und Sinngefühle, oder Symbolphantasien, oder Ergebnisse von Triebverdrängungen u. a. m. Schon die einfachste Würdigung zeigt, daß sie einen echten Sinngehalt haben, also nicht aus anderem abgeleitet werden können. Außerdem aber: Alle übrigen Erfahrungen, samt den aus ihnen abgeleiteten oder an ihnen zu Tage tretenden wesens- und wertmäßigen Kategorien bilden »die Welt«. Sie tragen den Charakter des »Welthaften«, sei es nun der »Natur« oder der »Kultur«; als nächste Gegebenheit oder wegliegend, bis in die tiefste psychologische Innerlichkeit, die letzte axiologische Höhe, die fernste ideelle Entlegenheit. Immer ist es »die Welt« und ihr »natürlicher« Zusammenhang. Zum Wesen der religiösen Erfahrung hingegen gehört der Eindruck, daß ihr Gegenstand nicht zum einfachhin Gegebenen, zur Welt gehört; daß er vielmehr geheimnishaft, unaussprechlich, anders, von anderswoher kommend und anderswohin führend ist.

Dieser Charakter des Un-Irdischen oder Über-Weltlichen ist so mächtig, daß er von religionswissenschaftlicher Seite geradezu mit dem glaubensmäßig-theologischen Begriff des »Übernatürlichen« gleichgesetzt wird. Das bedeutet aber eine grundlegende Verwechslung. In Wahrheit gehört jene Nicht-Natürlichkeit doch zur Welt – nämlich zu ihrer religiösen Wirklichkeit. Wie diese zu Gott steht, darüber wird noch zu handeln sein. Jedenfalls gehört aber der Gott der Offenbarung, der im Alten und Neuen Testament redet, in keiner Weise zur Welt, auch nicht zu ihrer religiösen Wirklichkeit. Sein Wesen stammt nicht aus der Qualitätenfülle der Dinge des Lebens. Er ist nicht aus dem Heiligkeits-Eindruck, den das Weltdasein macht, durch den religiösschöpferischen Akt eines seherisch Begabten ins Bewußtsein gehoben, sondern tritt aus der absoluten Souveränität seiner heiligen Freiheit auf den Menschen zu und redet ihn an. Der Mensch aber, dem so geschieht – der Prophet zum Beispiel – weiß, daß etwas an ihn gelangt, was zu Allem, auch allem Unmittelbar-Religiösen, quer steht.

Wiederum wird damit nicht behauptet, die natürliche religiöse Erfahrung sei willkürlich zugänglich. Vielmehr weiß der Erfahrende, daß er sie nicht erzwingen kann. Sie kommt, wenn sie eben kommt. Sie kann nur erhofft und entgegengenommen werden. Sie hat den Charakter der Huld; der nicht nur unerringbaren, sondern auch unverdienbaren Gabe. Sie steht nicht in den Ordnungen des »Rechts«, sondern der Freiheit.

Dieser Charakter ist so überzeugend, daß man auch durch ihn eine Nivellierung vorgenommen und dieses huldvolle, spontane Kommen mit der »Gnade« im glaubensmäßig-theologischen Sinne gleichgesetzt hat. Wiederum eine Verwechslung; denn jene Unerzwingbarkeit ist nur ein Fall der allgemeinen Spontaneität, welche jedem Rein-Lebendigen eigen ist und hier nur durch die Eigenart des Erfahrungsgebietes einen besonderen Nachdruck erhält. Es ist die Selbstherrlichkeit des höheren Seinsbereiches und Sinngefüges gegenüber dem niederen. Die Freiheit der biblischen Offenbarung hingegen ist eine wesenhaft andere: Es ist die der allerhöchsten, nein der einfachhin heiligen Person. Nicht die Eigenart einer Sein-Schicht; die Unerzwingbarkeit einer Sinnregion; die nur aus eigenem Gesetz sich öffnende Vorbehaltenheit einer Welttiefe, sondern jene heilig-personale Freiheit, die unter keiner religionsphilosophischen Kategorie steht, nur in ihrer Selbstbezeugung deutlich wird.

»Offenbarung« ist der Anruf, den der heilig-selbstherrliche Gott an den Menschen richtet; ebendarin enthüllend, wer er, Gott, ist – und wer, ihm gegenüber, der Mensch. Schon aus dem ersten präzisen Offenbarungsvorgang, der sich an die Person Abrahams knüpft und für alle Zeit vorbildlich ist; dann wieder in dem ähnlich mächtigen zweiten Berufsereignis, das sich an Moses richtet, wird das klar. »Glaube« aber ist nicht Erlebnis, Erschütterung, erfahrungsentsprungene Überzeugung, sondern zunächst und wesentlich Gehorsam gegen diesen Anruf; Treuknüpfung an die von dorther redende Person; Bewußtsein, von ihr bestimmt, gerichtet und zugleich in einen neuen, anfangsetzenden Bezug des Heils aufgenommen zu sein.

V

Dieser Glaube ist etwas wesentlich anderes als jede »religiöse Erfahrung«. Was aus ihm entsteht, das gläubige Dasein mit seiner Ordnung, ist etwas wesentlich anderes als jede »Religion« – so sehr, daß, als Grenzfall genommen, ein Glaube ohne Erfahrung im Sinne persönlichen Erschüttertseins möglich erscheint: der nackte Glaube des Gehorsams[7]. Diese Unterscheidung gehört zum Wesen des christlichen Bewußtseins. Sie ist mit dem Anspruch gegeben, den die Offenbarung erhebt, absolute, für jeden verbindliche Wahrheit zu sein. Nicht Ausdruck einer auf Grund besonderer Voraussetzungen erfolgenden religiösen Sinnfindung; nicht abhängig von religiöser Struktur und Begabung, sondern der jeden Menschen in Pflicht nehmende Anruf Gottes, des Herrn der Welt[8].

Von diesem Glauben her erfolgt die radikale, über alle historische oder philosophische Urteilsmöglichkeit hinausgehende Kritik an jeder religiösen Erfahrung und jedem religiösen Gebilde; an jeder objektiven und subjektiven Religion. Vor dieser Kritik besteht der höchste monomorphe Gottesbegriff nicht wesentlich besser als das Mana der Primitiven, denn sie trifft nicht nur den einzelnen Inhalt, sondern vor allem den Ursprung aus der »Welt« und enthüllt die Zweideutigkeit aller religiösen Äußerungen, die aus der inneren Unerlöstheit des Religiösen selbst kommt[9].

---

7 Siehe dazu *R. Guardini*, Unterscheidung des Christlichen, Mainz 1963, Der Glaube in der Reflexion, S. 279 ff. Die Frage, in welcher Weise die Vergewisserung erfolgt, daß hier Gott redet und Glauben fordert, müßte besonders erörtert werden.

8 In klassischer Weise ist dieser Sachverhalt in Sören Kierkegaards kleiner Abhandlung *Über den Unterschied zwischen einem Apostel und einem Genie* dargestellt [Mit anderen Abhandlungen zusammen unter dem Titel: *Der Begriff des Auserwählten*, übers. von Theodor Haecker, Innsbruck 1926, S. 313–333.]

9 Es ist wichtig, das zu sehen. Die Erlösungsbedürftigkeit des Menschen bedeutet nicht nur, daß er vom Profanen zum Religiösen gebracht, sondern daß seine religiösen Kräfte selbst und die ganze Welt der religiösen Gebilde erlöst werden müssen: ja, sie erst recht und in besonderem Maße. (Ebenso bedeutet Erlöstwerden nicht, daß der Mensch gewissenhaft, ethisch wird, sondern das Gewissensleben selbst mitsamt der Welt der ethischen Vorstellungen bedarf der Erlösung.) Daß ein »weltlich gesinnter« Mensch Erlösung braucht, scheint auf der Hand zu liegen. Weniger einleuchtend ist, daß auch in der tiefsten, erhabensten, innigsten religiösen Erfahrung die Selbstsucht und der Trug der Sünde

Anderseits bringen Offenbarungen und Glaube alle echten, im Unmittelbar-Religiösen enthaltenen Werte zur Klarheit und Freiheit. Der Glaube nimmt die Welt der religiösen Erfahrung und der aus ihr hervorgegangenen Gebilde in Dienst – ebenso wie er die Welt der naturhaften und kulturellen Gegebenheiten in Dienst nimmt, Sprache, Begriffe, Symbole, Werte – freilich alles umwandelnd. Darin, wieweit er diese Formen- und Sinnwelt wirklich in Dienst zu nehmen, ihre Gehalte zu verarbeiten, zugleich in seiner Verantwortung gegen die Offenbarung wach zu bleiben vermag, oder aber in die Verwandlung gezogen wird – darin vollzieht sich die Geschichte des Glaubens in der Welt.

Wir müssen aber noch einmal auf jenen besonderen Charakter zurückkommen, welchen der Gegenstand jeder echten religiösen Erfahrung hat. Er bildet ein beunruhigendes Problem. Gegenüber den unmittelbaren Qualitäten der »Natur« und »Kultur« ist er »anders«; gegenüber dem »Profanen« ist er »numinos« – zugleich enthüllt ihn aber die Offenbarung als nicht »eigentlich-anders«, nicht »eigentlich-heilig«, stellt ihn vielmehr in eine Reihe mit den übrigen Gegebenheiten der Erfahrung überhaupt, der »Welt«. Daraus kommt eine eigentümliche Unklarheit. Was nun folgt, will nichts Endgültiges, sondern nur ein Versuch sein, der vielleicht zu klarerem Sehen hilft.

Ich denke, jenes Unmittelbar-Numinose, auf das die religiöse Erfahrung anspricht, ist selbst noch eine Qualität der Welt. Ich denke, die Welt ist nicht nur »so«, sondern auch »anders«; nicht nur »profan«, sondern auch, in einem unmittelbaren Sinne, »heilig«; nicht nur »weltlich«, sondern auch »numinos«. Die Welt ist etwas viel Mächtigeres, als der Rationalismus sieht. In der Fülle und Spannungsganzheit ihres Sinnes ist sie »Natur-Kultur« plus »das Andere«. Jene Qualität des »Un-Irdischen« oder der »Über-Weltlichkeit«, von der die Religionswissenschaft redet, bildet nur die andere Seite jener gleichen Weltganzheit, deren erste Seite das »Irdische« und »Weltliche«

stecken – zuweilen so verborgen, daß nur das Charisma der »Unterscheidung der Geister« hier klar sieht. Dieses Charisma aber stammt aus der Erlösung, ebenso wie Dogma und Mysterium der Kirche, die *lex credendi et orandi* daraus stammen. Aber hierüber, über die Kritik an der Religion aus Offenbarung und Glaube, wäre sehr viel zu sagen.

ist. Die Doppeltheit dieses Eindrucks ist es gerade, was die Spannung des Weltphänomens ausmacht, sein Erfahren und Denken in dialektische Bewegung bringt. Die Eindrücke: »diese so beschaffene Welt« und: »das in ihr begegnende Andere«; »das zu dieser Welt Gehörige« und: »das ihr Jenseitige« – diese Eindrücke samt den von ihnen ausgehenden Haltungen, Bewußtseinsstrukturen, Begriffsbildungen, Theorien, Wertgestalten, Stellungnahmen usf. gehören beide in die Einheit »Welt« hinein. In ihnen entfaltet sich das komplexe Etwas, welches »Welt «oder »Dasein« genannt wird und zwischen dem »So« und dem »Anders«, dem »Irdisch-Sein« und dem »Un-Irdisch-Sein« gebaut ist. Zu seinem Wesen gehört, daß es heimisch ist, zugekehrt – zugleich aber geheimnishaft, fremd, weggewendet. Auf diesen Doppelcharakter des Daseins antwortet unser Bewußtsein mit dem – das Wort ganz positiv genommen – »profanen« und dem »religiösen« Empfinden und Verhalten. Darin, daß Welt und Dasein so sind, liegt ihre Mächtigkeit. Aber auch – um das vorwegzunehmen – der Grund dafür, daß sie autonom gesetzt werden können. Einer nur »weltlichen« Welt gegenüber könnte der Versuch, sie rein in sich selbst zu begründen, nie gemacht werden. Sie derart furchtbar ernst zu nehmen, würde dem Menschen nie beikommen.

Das »Andere« der Offenbarung hingegen ist ein Anderssein nicht nur stärkerer, sondern schlechthin definitiver Art. Hier wird nicht nur das innerweltlich-dialektische, sondern das richtende, die Welt als Ganzes in ihre Schranken weisende und in ihrer Verfallenheit enthüllende »Eigentlich-Andere« des lebendigen Gottes deutlich. Der »gebende« Vorgang dafür ist nicht die freie religiöse Erfahrung, sondern die aus souveräner Initiative hervorgehende Selbst-Offenbarung Gottes in ihrem geschichtlichen Fortgang, vor allem in Christus.

Auf diese Offenbarung richtet sich der Glaube. Die Relation »Offenbarung–Glaube« steht zu der anderen, »Weltlichkeit–religiöse Erfahrung« quer. Jene ist von dieser grundsätzlich unabhängig; benützt sie und nimmt sie zugleich unter Kritik – wie auch die religiöse Kultur vom Glauben her sowohl gefördert als erschüttert wird. Darüber gleich mehr.

Das im Sinne der Offenbarung glaubende Bewußtsein ist seinem Wesen nach kein Sonderfall des religiösen Bewußtseins überhaupt, sondern etwas anderes. Wie sehr anders, wird gerade aus der nun entstehenden Spannung zwischen »Glaube« und »Religion« deutlich; mit der darauf beruhenden Möglichkeit einer Kritik an der religiösen Erfahrung und ihren Hervorbringungen, auch und gerade den höchsten.

Diese Kritik erfolgt nicht nach immanenten Gesichtspunkten, etwa der Reinheit des religiösen Erlebnisses oder der daseinsaufhellenden Kraft der betreffenden Anschauungen, sondern nach einem Maßstab, der von jenseits der Erfahrung, aus dem Wort Gottes und der Existenz Christi stammt.

Man kann geradezu von einer Depotenzierung der religiösen Kräfte und Werte durch den Glauben reden. Sobald wirklicher Glaube erscheint, verliert »Religion« in entscheidender Weise an Bedeutung. Das ist von einer Tragweite, die gleich klar werden wird.

Soll vom christlichen Glauben in ernsthafter Weise die Rede sein, dann darf sein Wesen nicht begrifflich konstruiert oder aus Erfahrungen abgeleitet werden. Wenn der Glaube ist, was er zu sein beansprucht, dann kann er nur aus ihm selbst, aus der glaubend entgegengenommenen Offenbarung bestimmt werden. Das ist eine Zumutung, welche der nicht im Glauben Stehende ablehnen wird. Er wird sagen, daß damit das zu Beweisende bereits vorausgesetzt sei. Wenn er sich aber darauf besinnt, daß der Glaube nicht das Ergebnis einer Erfahrenskette, oder das letzte »Also« eines Schlusses, sondern den Beginn einer neuen Existenz darstellt, wird er zugeben, daß dieser Glaube – falls er ist, was er zu sein behauptet – nicht anders sprechen kann. Wirklicher Anfang, Daseinsanfang kann sein Wesen nicht aus Vorhergehendem legitimieren. Es ist »aus sich selbst rollendes Rad«. Die Ableitungen beginnen erst innerhalb dessen, was aus dem Anfang kommt[10].

---

10 Damit sollen die verschiedenen Formen des Beweises, des Hinweises, der Wahrscheinlichmachung u. a. nicht entwertet werden. Sie alle, vom Beweis für Gott und Christus bis zum Motiv begründeter Sympathie, haben ihre volle Bedeutung. Aber der Glaube geht nicht aus ihnen hervor. Er wird nicht von ihnen erzeugt. Sie bereiten ihm nur den Weg, rechtfertigen ihn vor dem intellektuel-

Nach seinem eigenen Bewußtsein ist Glaube keine Erkenntnis unter anderen Erkenntnissen; keine sittliche Bindung unter den übrigen; keine Ausgeburt lösender, heilige Zusammenhänge ahnender Erfahrungen, sondern die spezifische Antwort auf die Offenbarung. Offenbarung wiederum ist kein allgemeines Phänomen des religiösen Deutlichwerdens, kein Durchbruch tieferer Bewußtseinsschichten, kein Einleuchten bisher verborgener Sinngefüge der religiösen Wirklichkeit, sondern positives, in die Geschichte hinein erfolgendes Sprechen Gottes.

Das wiederum setzt ein bestimmtes Bild von Gott voraus; eben jenes, das aus der Offenbarung hervortritt. Danach ist Gott nicht nur Macht, Idee, Wert, Wirklichkeit, mit einem Wort: das unendlich-absolute Wesen. Seine entscheidende Bestimmung liegt vielmehr gerade in dem, was in der Heiligen Schrift das *skandalon* der Philosophen bildet: dem scheinbaren Anthropomorphismus. Die damit als unentwickelt oder ernsthaft charakterisierten Vorstellungen sind in Wahrheit exakt. Sie meinen das entscheidende Moment, durch das die Gottesvorstellung der Schrift sich von anderen unterscheidet: die absolute Personalität, den Initiativ-Charakter, die Geschichtlichkeit Gottes. Diese Gotteswirklichkeit ist mit den Kategorien der »Absolutheit« allein nicht zu fassen; es müssen die der »Faktizität« hinzugenommen werden. Der lebendige Gott ist wirklich so, daß er sich entschließt, sich erhebt, kommt, spricht, handelt, ergrimmt, straft, versöhnt wird, bereut, vergibt. Offenbarung nun ist die Weise, wie er in die Zeit spricht; Glaube der spezifische menschliche Akt, der darauf antwortet.

Wenn wir das Glaubensphänomen als Ganzes ins Auge fassen, so besteht das Entscheidende nicht in einem überwältigenden Erlebnis, einer Klarheit schaffenden Einsicht, einem ethischen Aufstieg, einem überströmenden Gefühl, einer mystischen Erschütterung usf. Der kritische Punkt des Glaubensphänomens liegt vielmehr darin, daß er »Gehorsam« ist. Die Bestimmung des Glaubens als Gehorsam hat etwas Karges, Unschöpferisches, Ungeniales. Dadurch wird er als etwas definiert, was anders ist

len und sittlichen Gewissen. Er selbst »entspringt« aus dem Anfangspunkt; jener Einheit, in welcher Gnade und freier Wille, Gotteswirken und personaler Kern unscheidbar verbunden sind.

als alles, was mit Begabung zu tun hat, und sich mit unmittelbaren Werten legitimieren kann. Der Gehorsamsbegriff hat etwas Formales, man möchte sagen Asketisches, aber ebendarauf kommt es für die »kritische« Bestimmung an. Der Offenbarungsglaube legitimiert sich im letzten gerade nicht aus den Werten des Weltdaseins. Er kommt von anderswoher und stellt das Weltdasein unter Kritik. Aber wirklich von anderswoher; nicht nur im Sinne des numinosen Eindrucks. Sobald Glaube vom numinosen Charakter des Daseins und der darauf ruhenden religiösen Erfahrung her begründet wird, wird er zu einem Weltelement. Er hört auf, Glaube im christlichen Sinne zu sein und wird zu einem Stück des allgemeinen religiösen Lebens. Ebendagegen richtet sich jene Bestimmung des Glaubens als Gehorsam[11].

Der »kritische«, für die Reinheit des Phänomens entscheidende Punkt in der Relation »Offenbarung – Glaube« ist nicht, ob in ihr religiöse Erschütterung sich vollzieht, heilige Wahrheit hervortritt, ein höheres religiöses Ethos möglich oder deutlich wird, sondern ob der Mensch sieht und anerkennt, daß Gott redet, und bereit ist, ihm zu gehorchen. Natürlich ist da Wahrheit, sogar die eigentliche. Natürlich sind da letzte, heilgebende Werte und Seinsbegründungen. Gott ist ja der Heilige und das heilige Leben selbst. Daß Er, der Heilig-Wahre, der Lebendige und Leben-Gebende hervortritt, ist ja Inhalt der den Glaubens-Gehorsam fordernden Offenbarung. In der Ordnung der Positionen aber bildet jenes Gehorsamsmoment den kritischen Punkt. An ihm definiert sich die »Reinheit« des Glaubens.

Das Verhältnis: »Offenbarungsbefehl – Glaubensgehorsam« steht quer zu jener Dialektik des »So« und »Anders«, des »Weltlichen« und »Religiösen«, von der die Rede war. In ihm

---

11 Die übrigens eine sehr bedeutungsvolle Parallele hat, nämlich darin, wie durch die Genesis die erste Gottesforderung formuliert wird: ebenfalls als Gehorsam. Wenn wir die Situation auf ihren Motivgehalt prüfen, so kommen natürlich eine Reihe von Wertkonflikten zum Vorschein; Symbole werden deutlich, hinter denen sich elementare Triebspannungen verbergen usf. Das Entscheidende aber liegt nicht darin, ob der Mensch Erkenntnis des Guten und Bösen oder irgendwelche Trieb- und Machterfüllung will, sondern ob er bereit ist, der Majestät des entgegentretenden Gottes zu gehorchen.

liegt die einzige echte Transzension von Welt. Sobald der Offenbarungsbefehl der Schrift in seinem vollen Sinn aufgefaßt wird, wird auch klar, daß ein solcher Befehl aus der Welt heraus nie erfolgen kann. Nichts in der Welt kann so befehlen, darf es nicht und kann es nicht. Das Phänomen des biblischen Offenbarungsbefehls setzt eine Jenseitigkeit und Unabhängigkeit Gottes voraus, die wesentlich anders ist als jede bloß religiöse Überweltlichkeit.

Hier ist eine Abgrenzung nötig.

Auch die protestantische Theologie, besonders folgerichtig vertreten durch die dialektische, bestimmt den Glauben als Gehorsam. Aber als »bloßen« Gehorsam, mit der Absicht, ihn von jeder Kontinuität zum geschaffenen Dasein abzulösen. Für sie ist der Mensch mitsamt der Welt nicht nur »in der Sünde«, durch die Sünde von Gott wegfallend, durch die Sünde in sich selbst zerrüttet und verworren, sondern er »ist Sünde«. Dann muß jede religiöse Erfahrung, christlich gesehen, nicht nur fragwürdig, sondern einfachhin Abfall; jedes von der Welt ausgehende Denken nicht nur unsicher und abgleitend, sondern einfachhin widergöttlich sein. Offenbaung aber ist dann zur Welt schlechthin inkommensurabel. Sie steht zu allem Religiösen nicht nur »quer«, sondern unbeziehbar; einfachhin widersprechend. Wie der Mensch das – von der Welt her gesehen, unmögliche – Offenbarungsfaktum auffassen, auf sich beziehen, und mit ihm in ein Einvernehmen treten kann, ist schlechterdings nicht zu verstehen. Es ist etwas, zu dem der Einzelne sich mit sich selbst entschließt; in einem Wagnis, das er mit nichts fundieren, und das er keinem Anderen begründen kann. Er wagt es – auf die Möglichkeit hin, nicht nur in Irrtum zu geraten, sondern metaphysisch zum Narren zu werden. Glaube ist der absolute Sprung ins Inkommensurable.

Die christliche Absicht dieses Standpunktes ist klar, es geht ihm um die Reinheit des Christlichen gegenüber der Welt. Allein er treibt sie ins Zerstörerische. Zwei entscheidende Tatsachen sprechen gegen ihn. Einmal, daß das Neue Testament ihn einfach nicht kennt – es sei denn, man risse einige Paulus-Stellen aus dem Ganzen und setzte sie absolut. Dann aber kann man zeigen, daß er eine spezifische Struktur bildet; einen genau bestimmten nordischen Tragizismus, dem als Ergänzung eine rückhaltlose Weltverwachsenheit gegenübersteht.

Diese Auffassung vereinfacht den Sachverhalt, überschärft ihn und entwirklicht ihn. Das »Entweder-Oder« in dieser – einst von Kierkegaard so erschütternd verkündeten – Form ist nicht christlich. Der Gang der deutschen theologisch-philosophischen Entwicklung könnte das unter Umständen bald zeigen. Die christliche Sicht ist viel verwobener. Es ist nicht wahr, daß Mensch und Welt »Sünde« sind, daher jede religiöse Erfahrung Unwahrheit und Widerspruch gegen Gott. An jeder Stelle der religiösen Erfahrung ist Wahrheit, auf Gott hin, und vor Gott; aber an jeder Stelle ist sie auch zweideutig, und daher voll Gefahr der Unwahrheit und Auflehnung. Das ist ja gerade das Schwere, daß Wahr und Unwahr, Hinweise auf Gott und Wegführung von ihm ineinanderliegen. Zu sagen: alles Irdische ist wider Gott; alles wegzulegen und den Sprung ins Radikal-Andere zu tun, wäre viel leichter – falls es nicht sinnlos und unmöglich wäre. Was beim Versuch herauskommt, ist ein verzweifelter Glaube, verbunden mit der Unfähigkeit, Christliches und Unchristliches in der Welt zu sichten; die Welt in das Christliche zu ziehen; sie zu überwinden und heimzuholen zugleich. Eine Preisgabe also der Welt an die bloße Weltlichkeit, und das Heidentum rückt gefährlich nahe[12].

---

12 Kann aber ein solcher offenbarender Befehl erfolgen? Jedes von jenseits der Welt herkommende Wort Gottes muß sich doch im Stoff der Welt ausdrücken; im psychologischen Material, in den sprachlichen Formen, symbolischen Gefügen usf. – kann darin wirkliche Transzendenz deutlich werden? Wir haben das Problem schon berührt; es müßte für sich und eingehend erörtert werden. Hier nur eines:
Die Frage wird in ihrem vollen Sinne nur möglich, wenn Offenbarung tatsächlich erfolgen kann. In einem Dasein, in dem Offenbarung nicht möglich wäre, würde jene Frage überhaupt nicht auftauchen. Im Ganzen des geschichtlichen Bewußtseins gesehen, bedeutet sie gar keine bloße »Frage«. Sie ist vielmehr schon ein Anzeichen tatsächlich geschehener Offenbarung. Sie rückt, sobald sie recht verstanden wird, schon die Glaubensentscheidung heran, und zwar in der Vorform einer Entscheidung zum Offensein für die Möglichkeit.
Wie legitimiert sich aber die tatsächlich geschehene Offenbarung? Annäherndweise – wie bereits gesagt – durch eine Fülle von Momenten: dadurch, daß sie die Zusammenhänge des Daseins aufhellt, neue, höchste Werte zur Gegebenheit

VI

Immer aber bleibt noch eine Frage übrig: Was ist jenes Numinose, auf das sich die religiöse Erfahrung richtet? Zwischen ihm und dem in der Offenbarung hervortretenden heiligen Gott besteht doch eine Ähnlichkeit, wenn nicht ein Zusammenhang! Den Radikalismus der dialektischen Theologie, welche den Unterschied des Christlich-Anderen gegenüber dem Religiös-Anderen bis zur Beziehungsunmöglichkeit steigert, müssen wir ablehnen. Im religiösen Erfahren wird doch von »Gott« geredet, und zwar mit Evidenz – wie steht diese Göttlichkeit zu jener, die in der Offenbarung spricht?

Die »Welt« in ihrem Ganzen hat, so sahen wir, selbst religiösen Charakter. Er stammt daher, daß sie von Gott geschaffen ist und nur durch ihn besteht; daß sie von ihm durchwirkt ist, und alles in ihr ihn ausdrückt, denn »in ihm leben und bewegen wir uns und sind wir«. So kann das »Numinose« zunächst nichts anderes sein als die »natürliche Selbstbezeugung« Gottes in seiner Schöpfung; das mit dem Sein der Dinge selbst gegebene Durchscheinen des göttlichen Urbildes; die an der Wirklichkeit der Dinge zur Geltung kommende Schwingung des schöpferischen Gottes-Aktes.

Wenn es mit dem Menschen recht stünde, dann würde er daraus den Lebendigen Gott auffassen und zu dessen Selbstbezeugung in der Offenbarung geführt werden. Aber schon diese Auseinanderlegung von natürlicher und positiver Offenbarung stimmt

---

bringt, Hilfe zur Daseinsmeisterung gibt, Erfüllung des Heilsverlangens ahnen läßt usf. Im letzten und eigentlichen aber legitimiert der Offenbarungsbefehl sich überhaupt nicht. Die Haltung aller entscheidenden Stellen der Schrift bestätigt das.
Der Offenbarungsbefehl erfolgt. Hat der Hörende die zugeordnete Haltung, die spezifische Bereitschaft, dann wird er inne, worum es geht – wann, wie, unter welchen Umständen, steht dahin. Dieses letzte Ineinsgehen von geschehener Offenbarung, rechter Bereitschaft, Innewerdung und Bejahung – dieses Einvernehmen von Offenbarung und Glaube kann weiter nicht aufgelöst werden, weil darin ebenjener Anfang gesetzt wird, hinter den existentiell nicht mehr zurückgegriffen werden kann, der sich vielmehr in einem Zirkelgefüge einander wechselseitig begründender Begründungen ausdrücken muß. Im letzten beweist die Relation »Offenbarung – Glaube« sich nicht, sondern sie appelliert an die Bewährung, endgültigerweise an das Gericht.

nicht. Das heißt, sie stimmt in unserer Lage; wir müssen sie machen, um richtig zu denken und zu sprechen. An sich ist die Notwendigkeit, so auseinanderzulegen, bereits ein Notstand.

Die Welt ist hineingeschaffen in wirkliches Sein. Sie ist wesenhaft, konkret im Dasein stehend. Das macht jenen Versuch möglich, der in der ersten Sünde unternommen wurde und in jeder weiteren Sünde unternommen wird: den Versuch des Menschen, die Welt, sich selbst mit ihr zusammen, als allein genügend, als autonom zu nehmen.

Diese Abtrennung zieht aber den Schnitt nicht so, daß er zwischen dem »Weltlichen« der Welt auf der einen, und allem, was auf Gott Bezug hat, auf der anderen Seite liefe. Sondern die Bestimmtheit durch Gott ist der Welt unablösbar eigen. Durch ihr ganzes Sein ist sie Bild Gottes, weil sie sein Werk und die beständige Wirkung seines Willens ist. So muß die Abtrennung der Welt auch das von Gott Kündende hereinnehmen. Das will auch der Autonomiewille, denn diese Eigenschaft der Welt macht gerade ihre »Tiefe« und ihre »unendliche« Kostbarkeit aus. Darauf, daß sie die numinose Dimension, die Qualität des »Anderen« hat, stützt sich ja im letzten Versuch, die Welt autonom und autark zu machen. Nur eine Welt, die so ist, reizt zur Usurpation und läßt diese möglich erscheinen.

So läuft der Schnitt zwischen der an sich auf Gott hinweisenden Welt auf der einen Seite, und Ihm-Selbst in seiner souveränen Majestät auf der anderen. Dieser Schnitt versucht Gottes Welt-Immanenz von seiner heiligen Ganzheit abzutrennen, zur Welt zu schlagen und das so entstandene Weltganze in sich zu stellen – ohne ihn, ja wider ihn, der der Herr der Welt ist. Die Welterfahrung nimmt die in Wahrheit von Gott her numinose Welt als in sich selbst numinos und vergöttlicht sie.

Von daher verwirrt sich alles. Schon in der ersten religiösen Erfahrung wirkt das Bestreben, den Hauch des lebendigen Gottes, seinen Durchschein durch die Dinge von ihm abzulösen und für sich zu nehmen. Es entstehen die Numina, die Götterwesen: Verdichtungen der vom Herrn der Welt abgelösten göttlichen Strahlung, bis zu den höchsten Gebilden des religiösen Monomorphismus.

Diese Gestalten sind, bloß für sich genommen, empörerisch,

oder falsch, oder zweideutig – zum mindesten unentschieden und daher gefährlich. Der ihnen Anhängende verfällt der Welt; steht zum mindesten in Gefahr, ihr zu verfallen.

Erst von der Offenbarung her kann die freie religiöse Erfahrung, samt dem auf sie bezogenen Denken und Schaffen sowie den aus ihr entspringenden Gebilden (Religionen), zu Gott heimgeholt werden, indem das alles in den Dienst des Glaubens tritt. Dann wird die religiöse Erfahrung aus ihrer Zweideutigkeit gelöst, und unter der Hut des Glaubens zu einem christlich bejahenden Element des Daseins gemacht. Ja, durch sie gewinnt der Glaube erst jene schöpferischen Kräfte, deren er zu seiner Entfaltung bedarf. Wenn, um ein Beispiel zu nennen, ein empfänglicher Mensch die Natur und ihr geheimnisvolles Wirken erlebt, so kann ihm daraus ein numinoses Element entgegentreten. Nimmt er das für sich, deutet er es allein aus ihm selbst, dann kommt er zur Vorstellung göttlicher Frühlingsmächte, einer schaffenden Mutter Erde, also einer Gott-Natur in irgendeiner Form. Damit hat er aber die tatsächlich vorhandenen numinosen Elemente der Naturerfahrung mißverstanden, gleitet vom Lebendigen Gott ab, und gerät in eine Naturverfangenheit. Franz von Assisi hat diese Erfahrung in intensivster Form gemacht. Er hat aber im eindeutigen Glauben an den Lebendigen Gott gestanden, den Schöpfer der Welt, den Erlöser von Sünde, den Heiliger durch Gnade, Liebe und Selbstüberwindung. So hat er untrüglich gewußt, wie es mit jenen numinosen Elementen bestellt ist: daß sie Spuren dieses Gottes sind; Zeugnisse dafür, daß wir »in ihm uns bewegen, leben und sind«; Schwingungen gleichsam seiner lebendigen Schaffensmacht in die Welt hinein. Also hat er diese Qualitäten nicht um ein autonomes Weltzentrum gesammelt, sondern sie auf den geoffenbarten souveränen Schöpfer bezogen. Die Erfahrung des religiösen Charakters der Natur ist von seinem Glauben an den Herrn der Schöpfung übergriffen worden. So ist sie von dorther gereinigt und hat ihre Fülle in die Glaubensvorstellung von Gott, dem Schöpfer, dem Vorsehenden, dem Reichen und Gütigen hineingetragen.

Der Heilbringer in Mythos, Offenbarung und Politik

Eine theologisch-politische Besinnung

Vorbemerkung

In den jüngst vergangenen Jahren ist etwas vor sich gegangen, das einer genaueren Betrachtung wert ist, wirft es doch ein scharfes Licht auf die geistig-religiöse Situation der Nach-Neuzeit, aber auch auf die des Menschen überhaupt.

Um den Vorgang richtig zu verstehen, muß man weiter ausholen; so bitte ich den Leser, in einige religionswissenschaftliche und theologische Überlegungen einzutreten. Zuerst wird er vielleicht denken, sie seien weit hergeholt; bald aber wird, so hoffe ich, deutlich werden, wie alles zusammenhängt und wie nahe es jeden angeht.

I

Die Götter und der Mythos

Bei unserer Überlegung wollen wir von dem ausgehen, was die Religionswissenschaft als religiöse Erfahrung bezeichnet.

Wenn wir um uns schauen, bemerken wir Gegenstände und Vorgänge verschiedenster Art. Da sind die großen Dinge, die den Weltraum bestimmen, wie Sonne, Mond und Gestirne. Auf Erden jene, durch welche die Landschaft gebildet wird: Ebenen und Berge, Meer und Flüsse und anderes mehr. Da sind die Pflanzen, wie sie uns überall in Freiheit oder als Kulturgewächse begegnen, und die Tiere, die in ihrer Mannigfaltigkeit alle Bereiche des Erdraums bevölkern. Endlich die Menschen: nahe verbundene, zur weiteren Umgebung gehörige, darüber hinaus die unbestimmt Vielen, welche wir mit den Worten »Volk« und

»Menschheit« bezeichnen. Alle diese Dinge und Wesen bilden Gestalten des Seins und des Wirkens. Sie werden und vergehen, verändern sich und behaupten sich zugleich in der Veränderung. Sie haben Beziehung zueinander, wirken aufeinander ein, sind voneinander abhängig, und es entsteht ein großer, sich beständig wandelnder und doch durch allen Wandel sich aufrechterhaltender Zusammenhang: die natürliche Welt.

Die Wirklichkeiten dieser Welt nehmen wir mit unseren Sinnen wahr. Die Augen fassen das Licht auf und in ihm Gestalten der Form und Farbe; das Ohr vernimmt Töne und Geräusche, richtiger gesagt, Tongestalten und Geräuschbilder; die Haut empfindet die Oberfläche der Dinge, ihre Formen und Eigenschaften; die Hände, genauer gesagt, das lebendige Gleichgewicht des Körpers fühlt die Schwere, ihre Unterschiede und Verhältnisse, und so fort. Alle diese Sinneswahrnehmungen sind wiederum nicht jeweils in sich isoliert, sondern stehen in einer lebendigen Einheit, durch die »das Ding« als Ganzes zu Bewußtsein kommt.

Dabei darf nicht vergessen werden, daß die Sinne keine bloßen mechanischen Werkzeuge oder biologischen Reizempfänger darstellen, sondern vom Geiste bestimmt sind. Und nicht erst von da ab, wo dieser mit der Reflexion beginnt, sondern in ihrem ganzen Verlauf. Schon in ihrem ersten Ansatz ist der Geist wirksam. Schon die erste Reizaufnahme steht kontinuierlich zur Erkenntnis von Wesen und Wert, zur Stellungnahme und zum Handeln[1].

Ist mit diesem Gefüge der natürlichen Welt und Welterfahrung das Ganze der Gegebenheit sowohl als auch ihrer Aufnahme durch den Menschen erschöpft?

Greifen wir, um genauer zu prüfen, eine Einzelheit heraus.

Denken wir, wir stünden in einer klaren Nacht draußen und blickten zum Himmel hinauf, zu den Gestirnen: Was würden wir da sehen? Um richtig antworten zu können, müssen wir aber genauer fragen, nämlich wer es ist, der da schaut, denn die

1 Vergl. dazu *R. Guardini*, Die Sinne und die religiöse Erkenntnis, Würzburg ²1958, S. 14 ff; ferner: Die religiöse Sprache, in: Sprache, Dichtung, Deutung, Würzburg 1962.

Menschen schauen verschieden, je nach dem Gesichtspunkt, von dem sie ihrer Veranlagung und ihren Interessen gemäß ausgehen. Ein Seemann zum Beispiel stellt mittels der Sterne Ort und Richtung fest und weiß dann, wie er zu steuern hat. Ein Astronom beobachtet ihr Verhältnis zueinander, berechnet ihre Bahnen. Ein Dichter empfindet ihre Schönheit und schreibt ein Nachtlied. Und so könnte man noch manches andere sagen. Hat man aber die verschiedenen sachbestimmten Weisen der Auffassung durchlaufen, dann bleibt noch eine andere, eigentümliche. Darin hat der Schauende kein besonderes Interesse, sondern öfnet sich der stillen Majestät über ihm. Er empfindet den Schauer, der von den funkelnden Bildern ausgeht. Sein Denken löst sich vom Alltäglichen und hebt sich dem Ewigen zu. Vielleicht taucht das Bild eines geliebten Menschen in seinem Innern auf. Vielleicht denkt er an etwas Großes, das er zu tun hat. Tiefes, Gutes, das sonst schweigt, erhebt sich in ihm und beginnt zu reden. Er fühlt, wie ihn etwas Besonderes berührt, fremd, anders als das Weltliche und doch tief vertraut; geheimnisvoll, und doch als das Eigentlichste empfunden. Er könnte es nicht nennen und weiß doch genau, was er meint.

Oder jemand geht allein im Hochwald dahin. Die Bäume stehen mächtig und still da, und zwischen ihren Stämmen schimmert das Licht. Auch das kann er in verschiedener Weise auffassen. Er kann die Bäume daraufhin prüfen, was man mit ihnen bauen kann und welchen Marktpreis sie haben. Er kann sie wissenschaftlich betrachten, als Botaniker oder Fachmann des Forstwesens. Er kann sie mit den Augen des Malers ansehen, die Formen der Baumwesen und das Spiel des Lichtes studieren und sich überlegen, wie er sie im Bild wiedergeben könne. Es kann aber auch sein, alle diese besonderen Gesichtspunkte verschwinden; der Wandernde empfindet das Ragen und Sich-Wölben ringsum, die Stille und Feierlichkeit, und er wird von einem Geheimnis berührt, das von anderswoher zu kommen scheint und ihm doch ans Innerste greift. Er kann es nicht aussprechen und weiß doch, es hat die Stunde für immer wichtig gemacht.

So könnte man noch manche Gelegenheiten nennen, bei denen dieses Rätselhafte und doch tief Vertraute, Fremde und doch vom Innersten Erwartete an den Menschen herantritt: etwa in einem erschütternden Schicksal, oder vor einem aus alter Zeit stammenden Bauwerk, oder vor dem Antlitz eines in sich versunkenen Menschen.

Für das aber, was da anrührt, hat die Sprache mancherlei Namen: sie nennt es das Geheimnishafte, das Andere, das Unirdische, das Heilige, das Numinose oder Göttliche.

So etwa kann man die religiöse Erfahrung beschreiben. In ihr sind, je nachdem, die verschiedenen Sinne tätig. Die Augen schauen, das Ohr hört, der Körper bewegt sich und empfindet; Gestalten werden aufgefaßt, Töne oder Worte werden vernommen, Räume werden durchfühlt, Strömungen empfunden – alles Dinge, die der unmittelbaren Wirklichkeit angehören; Teile dessen, was wir die natürliche Welt genannt haben. Was die religiöse Erfahrung aber eigentlich meint, ist nicht das betreffende Ding selbst. Es leuchtet wohl an ihm auf, weht von ihm heran, enthält sein Wesen mit, ist aber selbst nicht das Ding. Es ist anders als jedes Ding – so sehr anders, daß es den Erfahrenden förmlich in eine neue Welt versetzt. Es hat Macht, aber eine andere, als die der Dinge sonst: die körperliche, welche zwingt; die seelische, die beeinflußt; die geistige, die überzeugt. So durchaus anders, daß es von ihnen wegruft. Wir empfinden es als wichtig, so sehr, daß uns im Augenblick, da wir es erfahren, alles, was wir sonst tun und treiben, unwesentlich, überflüssig, ja sinnlos vorkommen kann. Es ist in besonderer Weise wichtig; ewig wichtig. Wir fühlen, etwas Letztes hängt von ihm ab. Wenn wir es versäumen, haben wir »alles« versäumt.

Es braucht wohl nicht besonders darauf hingewiesen zu werden, daß diese religiöse Erfahrung mit dem Glauben im christlichen Sinne nicht gleichgesetzt werden darf, sich vielmehr im Bereich des allgemein-menschlichen Seelenlebens hält. Sie ist bei manchen sehr stark entwickelt, bei anderen schwächer, in irgendeiner Weise findet sie sich wohl bei jedem – freilich kann sie auch verdorben und zerstört werden.

In der Geschichte der Menschheit hat sie eine große Bedeutung, und zwar nimmt sie da bestimmte Formen an, wie sie sich als Vorstellungen von Göttern, göttlichen Vorgängen und Wirksamkeiten in den verschiedenen Religionen finden. Ein Erlebnis, das mir ein Freund erzählte, mag nahebringen, wie die Überzeugung von Göttern aus der religiösen Erfahrung hervorgehen kann. Er ging auf einer Wanderung allein durch einen Wald und gelangte zu einer Lichtung. Es war Mittag und alles lag in jener tiefen Stille, wie sie um diese Tagesstunde herrscht; kein Baum rauschte, kein Vogel sang, kein Wesen rührte sich. Die Sonnenhitze stand unbeweglich im Raum. Da sei, erzählte er, auf einmal ein tiefer Schrecken über ihn gefallen. Kein solcher, wie er von etwas Bestimmten ausgeht, einem Tier etwa oder einem verdächtigen Menschen, sondern anders, ohne angebbaren Grund, unaussprechbar, aber so unwiderstehlich, daß er davongerannt sei, blindlings, um schließlich, erschöpft und mit zitternden Gliedern, irgendwo stehenzubleiben. Der Erzählende hatte erlebt, was die Griechen den Schrecken des Pan nannten. Stellen wir uns vor, es wäre nicht unser zwanzigstes Jahrhundert gewesen, sondern das achte oder siebente vor Christus; und nicht der von tüchtigen Forstleuten gepflegte deutsche Wald, sondern die Bergeinsamkeit von Kleinasien oder Nordgriechenland; und er selbst kein wissenschaftlich gebildeter Mensch unserer Zeit, sondern ein Hirte, der bei seinen Herden lebte; und er hätte etwas von dem gehabt, was man religiöse Genialität nennen kann, seherische Kraft, Fähigkeit, das religiöse Geheimnis zu empfinden und in Gestalten auszudrücken – dann hätte er vielleicht auf einem Felsen ein seltsames Wesen sitzen sehen: menschenartig und doch tierähnlich, mit beunruhigenden Augen und spitzen Ohren; und eine Gewalt der Anziehung und des Schreckens zugleich, der Verzauberung und der Angst wäre von ihm ausgegangen. Dann wäre der Hirt zu den Seinen gelaufen und hätte gesagt: »Ein Gott ist mir erschienen!« und sie hätten ihn »Pan« genannt, die Gottheit der vertrauten und zugleich fremden, lockenden und zugleich schreckenden Natur . .

So etwa mögen wir uns die Entstehung der Göttervorstellungen denken. Frühe Menschen, den Eindrücken des Daseins nicht kritisch, sondern unmittelbar offen gegenüberstehend, haben das Geheimnis erlebt, das sich in der unmittelbaren Welt kundtut und doch hinter sie zurückführt, ihr Sinn gibt und sie zugleich im Unnennbaren aufgehen läßt. Zugleich haben sie die Gabe gehabt, es nicht abstrakt, sondern in Bildern zu sehen; so hat es sich ihnen in Gestalten und Geschehnissen verdichtet. Etwa das Geheimnis des sich wölbenden leuchtenden Himmels in der Gestalt des höchsten Waltenden, der die Schicksale der Völker fügt und dem Leben seine Ordnungen gibt. Oder das der dunklen, abgründigen Erde, aus welcher das Leben sproßt, um durch den Tod zu ihr zurückzukehren, im Bilde der *Magna Mater*, der großen Mutter. Oder das des Meeres, welches die Länder verbindet und zugleich voll Gefahren ist, von Leben wimmelt und vielen den Tod bringt, herrlich, schreckend und unberechenbar, im Bilde des Meeresgottes, und so fort. So erlebten sie das geheimnisvoll Webende in den verschiedenen Bereichen der Welt, und es verdichtete sich zu den Gestalten der Götter, die man fürchtete und verehrte, zu besänftigen suchte und um Hilfe anrief.

Die Götter stehen aber nicht in ruhender Majestät da, sondern sie handeln und es geschieht ihnen etwas; sie vollbringen Taten und haben Schicksale. Von diesen Taten und Schicksalen der Götter erzählen die Mythen.

Das Wort Mythos gehört zu jenen, die in den letzten Jahren auf allen Gassen herumgezerrt worden sind; so bedarf es einer Klärung. Echte Mythen sind nur in einer frühen Zeit der Geschichte möglich, denn sie setzen eine Art des Denkens und Fühlens voraus, die im Fortgang der kulturellen Entwicklung zerfallen ist. Der frühe Mensch weiß von den Energien und Gesetzen, welche die Wissenschaft feststellt, noch nichts. Für ihn besteht die Welt aus Wesen und Mächten. Feuer zum Beispiel ist das, was durch das Reibholz hervorgebracht wird, mit dem man die Finsternis erleuchtet und die Speisen kocht; zugleich aber auch ein geheimnisvolles Wesen, das einen eigenen Willen hat und mit Scheu behandelt werden muß. Auch das Wasser ist solch ein Doppelwesen, nutzbares Ding und geheimnisvolle Mächtigkeit in einem. Wasser aber und Feuer kämpfen miteinander. Ist das Wasser stärker, dann ertrinkt das Feuer; bekommt das Feuer die Oberhand, dann frißt es das Wasser. Entsprechend verhält es sich mit allem übrigen.

Diesem Weltbild gehören die Götter an. In ihnen verdichten sich die halb natürlichen, halb geheimnishaften Mächte. Da die Mächte in einem beständigen Wirken und Kämpfen begriffen sind, werden auch die Götter wirkend und kämpfend gedacht, und es entstehen die Vorstellungen ihrer Taten und Schicksale – welche Taten und Schicksale nichts anderes sind, als die Vorgänge der Welt und des Lebens selbst.

Nehmen wir als Beispiel die Weise, wie der frühe Mensch das Verhältnis von Licht und Dunkel erlebte. Für uns ist Licht eine natürliche Tatsache. Die Wissenschaft hat sie durchforscht und die Technik hat sich ihrer bemächtigt. Wir können die verschiedensten Lichtarten herstellen und nach Belieben gebrauchen; von numinosen Erlebnissen ist keine Rede mehr. Beim frühen Menschen war das ganz anders. Er empfand die Dunkelheit nicht nur als unwegsam und gefährlich, sondern als böse, Grauen erregende Macht. Die Furcht, die heute noch das Kind – und auch mancher Erwachsene – im Dunkel empfindet, richtet sich nicht auf etwas Greifbar-Bestimmtes, sondern auf diese Macht des Dunkels selbst und bildet einen Überrest jenes frühen Erlebens. Wenn sich aber dann morgens die Sonne erhob, überwand ihre gute Mächtigkeit, das Licht, die Finsternis, und der Mensch atmete auf. So war das Dasein von zwei Mächten beherrscht, der Finsternis und des Lichtes. Die des Lichtes kam aus der Sonne, und die Sonne war eine Gottheit. Der Sonnengott aber war in einem Kampf begriffen und von einem Schicksal bedroht, welche die Angst um den Fortbestand des Lichtes ausdrückten. Jeden Tag erhob er sich aus dem Meere, überwand die Finsternis und herrschte den Tag hindurch; am Abend jedoch wurde die Finsternis wieder Herr und hatte nun die Gewalt. Zu diesem kleinen Kampf, der sich von Tag zu Tag abspielte, kam aber noch ein großer, der sich durch das ganze Jahr hin erstreckte. In der Mitte des Winters war die Sonne ganz schwach. Dann erstarkte sie, ihr Licht wurde immer heller, ihr Strahl wärmer, ihr Bogen hob sich immer höher, und der Tag nahm immer mehr zu. Das wurde als ein Sieg des Sonnengottes über die Macht der Finsternis erlebt, und der Wendetag war eine Feier geheimnisvollen Triumphs. Dann aber, nach der Sommerwende, begann der heilige Bogen sich wieder zu senken. Die Kraft der Wärme und des Lichtes nahmen ab, die Finsternis und Kälte wuchsen immer mehr, und es schien, als ob sie siegen würden. Dabei darf nicht vergessen werden, daß der frühe Mensch kein Naturgesetz kannte. Er erlebte daher diesen Kampf so unmittelbar, daß er vor der Möglichkeit bangte, die Sonne könnte einmal endgültig von der Finsternis überwunden werden. So entstand der Mythos von Licht und Finsternis. Das Licht verkörpert sich im Sonnengott, dem strahlenden, glühenden, aller Macht des Lebens und des Segens vollen; die Finsternis im Drachen, der Schlange, dem Weltenwolf, dem kalten, grauenwirkenden, tötenden Wesen. Zwischen ihnen ist Kampf. Er erneuert sich jeden Tag und jedes Jahr. Immer wieder siegt die Sonne und immer wieder der Drache. Manche Mythen aber offenbaren die Ahnung, einst werde der Drache endgültig siegen, der Fenriswolf die Sonne wirklich verschlingen und so das Ende aller Dinge kommen.

Ein anderer Mythos ist der von Himmel und Erde. Droben ist die allumspannende Wölbung: die Höhe, aus welcher das Licht kommt; die unerschöpfliche Quelle des Regens; die Macht der Ordnung und des Segens, verdichtet in der Gestalt des Göttervaters, Zeus, Jupiter, Wotan oder wie immer genannt. Unten ist die Erde, dunkel, schweigend, bergend, voll Bereitschaft, Frucht zu tragen, verdichtet in der Gestalt der Erdgöttin, Gaia, Demeter, Nerthus. Zwischen beiden aber besteht eine geheimnisvolle Beziehung, die heilige Ehe. Immer wieder vereinigen sich Himmel und Erde im Frühling; daraus gehen die Pflanzen, die Tiere und alles die Natur erfüllende Leben hervor. Diese Lebensfülle reift im Sommer zur Vollendung, um im Laufe des Herbstes zu sterben. Es folgt der Winter, in welchem Himmel und Erde einander fremd und feindlich gegenüberzustehen scheinen, und alles Leben in der Starre des Todes untergegangen ist. Dann aber, im nächsten Frühling, beginnt das Mysterium neu.

Was bedeuten diese Mythen – und andere, die sich aus ihnen entfalten oder aus eigenen Quellen hervorgehen? Um sie zu verstehen, darf man nicht von unserem durch Wissenschaft aufgeklärten und durch Technik sicher gewordenen Bewußtseins, sondern muß von dem des frühen Menschen ausgehen, für welchen das ganze Dasein aus Mächten bestand. Für ihn bedeuteten die Mythen die Verdichtung der großen Daseinsvorgänge: der Beziehungen zwischen Licht und Finsternis und des Kreislaufs der Sonne in Tag und Jahr; der Beziehungen zwischen Himmel und

Erde, Gestirnwelt und Erdenwelt und des Jahresrhythmus mit seinen verschiedenen Zuständen; der Entstehung des Rechts und der bürgerlichen Ordnung; des Wissens und der Kunstfertigkeiten und so fort. Diese Beziehungen wurden aber nicht wissenschaftlich, mit Begriffen und Theorien, sondern anschaulich, in Bildern und Geschehnissen verstanden.

Wenn also der frühe Mensch diese Mythen dachte, erzählte, hörte, erlebte, in den Begehungen des Kultes darstellte und symbolisch vollzog, erfuhr er ebendarin die Ordnung des Daseins. Er verstand das Dasein, und in ihm sich selbst.

II

Das Heil und der Heilbringer

Jene religiösen Wesenheiten und Mächtigkeiten werden nun in zwei verschiedenen Weisen erlebt: als etwas, das sich dem Menschen freundlich zuwendet und ihm Gutes spendet – oder aber als etwas, das sich feindlich wider ihn richtet und ihm Schaden zufügt. Jenes ist die Erfahrung des Heils, dieses die des Unheils.

Und zwar im religiösen Sinn. Zunächst ist sie in die Erfahrung natürlichen Wohls oder Wehes eingebettet. Das Gewitter mit seinem Sturm und Blitz ist eine Macht, welche die Ernte zerstören, das Haus in Brand setzen, den Menschen erschlagen kann. In diesem irdischen Unheil aber wird anderes fühlbar. Doch so spricht schon der neuzeitliche Mensch; für den ursprünglich empfindenden hat die Zerstörung der Ernte von vornherein mehr Dimensionen als jener Schaden, gegen den sich der späte Mensch durch die Hagelversicherung schützt. Sie trifft seine Saaten und sein physisches Fortkommen – aber auch ihn als religiöse Existenz. In ihr offenbart sich zürnende Mächtigkeit, göttlicher Groll, Gericht über begangene Schuld. Eine heilige Macht wendet sich gegen ihn als religiöse Existenz. Entsprechend verhält es sich mit dem Heil. Für den neuzeitlichen Menschen ist die Natur keine überwältigende Macht mehr. Er hat sich nicht nur vor ihren Gefahren geschützt oder gegen ihre Schwankungen gesichert, sondern sich auch innerlich von ihr unabhängig gemacht. Seine Seele steht nicht mehr in ihrem Bann. Er ist aus der Natur herausgekommen und frei geworden – damit freilich auch ins Künstliche und Ortlose geraten. Der frühe Mensch hingegen lebt noch ganz in den Zusammenhängen der Natur; äußerlich, weil er gegen ihre Gewalten nicht aufkommt; geistig, weil er sie noch nicht rational durchdrungen hat; religiös, weil sie numinose Macht über ihn besitzt. Sie steht als die große Wirklichkeit um ihn und in ihm, in seinem Bewußtsein, seinem Gefühl, seinem Gemüt, seinen Nerven.

Wenn dieser Mensch morgens die Sonne aufgehen sieht, dann bedeutet das für ihn mehr, als daß nur der Tag neu beginnt. Die Nacht ist Finsternis, Kälte, Ausgeliefertsein an die unheilwirkenden Mächte; wenn die Sonne aufgeht, werden sie gebannt – und für das Bewußtsein früher Kulturstufen ist durchaus nicht sicher, ob die Sonne dieses Mal, heute, wieder durchkommt. Sie könnte auch von der Finsternis überwältigt werden, oder nicht mehr wollen. Im Licht und in der Wärme lebt der Organismus wieder auf. Das Gemüt wird zuversichtlich. Die Wege werden deutlich und die Dinge vertraut. Das bedeutet »Heil« für den ganzen Menschen, und darin wird die Huld numinoser Macht erfahren ... Noch stärker wird das Erlebnis, sobald die Sonne nicht nur von der gewöhnlichen Nacht, sondern von einer stärkeren Potenz des Dunkels bedroht wird, im Winter, wenn ihre Kraft abnimmt, ihre Bahn zum tiefsten Stand sinkt, die Möglichkeit des Verschlungenwerdens droht. Sobald dann die Wende eintritt, die Sonne wieder erstarkt und mit ihr die Möglichkeit des Lebens zurückkehrt, bedeutet es das große Heilserlebnis der Wintersonnenwende.

Eine andere Heilserfahrung ist die des Frühlings. Im Herbst schlafen die Bäume ein. Der Raum leert sich. Die Wasserläufe erstarren. Der Winter ist Todeszeit für das Naturreich und Entbehrungszeit für den Menschen. Dann wird es Frühling. Der Raum öffnet sich. Alles kommt in Bewegung, verändert seinen Zustand. Eine strömende Lebendigkeit erfüllt die Natur. Die nahende Fortpflanzung wird erregend empfunden, und der Mensch fühlt die aufsteigende Lebensflut auch im eigenen Wesen. Das ist wiederum »Heil«, des wiederkehrenden Lebens, des Frühlings.

Und wieder bedeutet es nicht nur, daß sich Wärme, Bewegungs-
möglichkeit, Nahrung einstellen, sondern mehr und anderes:
Fülle des Segens einfachhin, geheimnisvoll berührende Verheißung, Nahen und Sich-Öffnen des Unnennbaren.
Oder der Mensch ist in sein reifes Alter eingetreten und hat seinen Platz im Dasein gewonnen. Er weiß, wo er steht, in seinem
Stamm und Land, seinem Eigentum und seiner Macht; er weiß,
was er kann und ist, hat von sich selbst Bewußtsein und Besitz.
Darin liegt Sicherheit, Beachtlichkeit, aber auch Umgrenzung;
indem die Charakterisierung durchdringt, kündet sie zugleich
das Ende an. Da wird ihm das Kind geboren, in welchem die
Sippe sich fortsetzt; der Sohn, der ja für das frühe Bewußtsein
das eigentliche Kind ist und einst den Namen tragen, den Kampf
führen, den Besitz wahren, die Macht ausüben wird. Dieses junge, aus dem eigenen entsprungene Leben mit seiner offenen
Möglichkeit, das sich neben dem eigenen, umrissenen und allmählich auf das Ende zugehenden erhebt, ist »Heil«. Ebenfalls
nicht nur als Stolz auf die Macht der Sippe, als Sicherheit künftigen Bestehenkönnens neben den anderen Sippen und gegenüber
dem Feind, als Aussicht auf Hilfe bei der Arbeit und Schutz im
Alter, sondern als Hoffnung einfachhin, als göttliche Lebens-
verheißung.
Wenn der frühe Mensch Feuer anzündet, dann vollzieht er nicht
nur eine technische Verrichtung, sondern etwas, worin Wunderbares zum Bewußtsein kommt: daß diese Macht da hervorge-
rufen werden kann, die Flamme, so eindrucksvoll in ihrer Bewegtheit und Gestalt, die frißt und zugleich spendet, gefährlich
und zugleich segensvoll ist, die Dunkelheit erhellt und wilde
Tiere abwehrt, den Körper wärmt und Speise bereitet und so
fort. Das alles ist mehr als nur nützlich oder schön, es ist Geheimnis. Einer von den Göttern ist einmal gekommen und hat
das Feuer gebracht; oder ein wunderbarer Kühner hat es von
oben heruntergeholt: diese Tat hat Heil begründet. Die Riten in
Tempel und Haus, die das Feuer wachhalten, drücken nicht nur
die Sorge für das unentbehrliche Element aus, sondern auch die
Furcht, es könne wieder genommen werden, ein Unheil könne es
überwältigen, es könne einmal endgültig erlöschen. So bedeutet
für die geschichtliche Frühzeit jede wichtige Kunst »Heil«. Daß

die Menschen die Kunst des Schiffbaues gewannen; daß sie den Ackerbau lernten, das Korn und die Řebe bekamen; daß ihnen Mittel gegen Wunden, Seuchen und Gefahren der Geburt bekannt wurden, ist mit Heilsbedeutung gesättigt. Das Gleiche gilt von der Schrift, deren Zeichen den Sinn vergegenwärtigen und Macht über den Namen geben; vom Schmuck, dessen Formen ursprünglich magischen Charakter haben; von den Ordnungen des Gemeinschaftslebens, den Gesetzen, Erziehungsregeln, Traditionen gesellschaftlichen Verhaltens. Die ganze Kultur als Wissen und Können ist Heil; Festigung und Steigerung des Daseins, und nur möglich, weil höhere Mächte es gewähren und fördern – andere freilich es gefährden. Denn mit dem Bewußtsein des Heils ist auch das der Gefährdung verbunden. Es ist nicht selbstverständlich, vielmehr von bösen Mächten bedroht, ja selbst von den guten beneidet. So erscheint in den Kulturmythen unter der Gestalt des Heils auch immer die Gefahr des Unheils.

Dieses Heil verdichtet sich in der Gestalt des Heilbringers: Osiris, Apollon, Dionysos, Baldur[2]. Ihnen stehen die Gestalten des Unheils gegenüber: die Schlange, der Drache, der Weltenwolf, die Götter des Todes, des Fluches und so fort.

Das Bild des Heilbringers hat bestimmte Grundzüge. Sein Erscheinen ist erschütternd. Sobald er da ist, wird als der Mächtige, Sein-Anrührende, Segen-Spendende, Heil-Strömende empfunden und gewußt. Sein wunderbares Wesen kommt schon im wunderbaren Charakter seiner Geburt zum Ausdruck. Oft ist er der Sohn einer irdischen Mutter und eines göttlichen Vaters. Manchmal geht er unmittelbar aus dem Element, etwa dem Meere oder dem Felsen hervor. Er kommt aus dem Unbekannten und Unzugänglichen. Obwohl er im Innersten berührt, ist er »fremd«. Immer tritt er aus dem Geheimnis ins Gegenwärtige.

Sein Leben gipfelt in der heilbringenden Tat. Oft ist er ein Kämpfer; sein Gegner ist das Unheilbringende, Böse, mit Vorliebe in der Gestalt der Schlange oder des Drachens angeschaut. Dann ist die heilbringende Tat ein Sieg. Dieser Sieg wird aber oft mit dem

2 Zum Folgenden *G. v. d. Leeuw*, Phänomenologie der Religion, a. a. O., S. 87 ff.

50

Tode bezahlt; dann ist die Heilstat zugleich Untergang. Darin offenbart sich das Bewußtsein, daß das kulminierende Leben dem Tode benachbart ist, ja daß Leben und Tod auseinander hervor- und ineinander übergehen. So entspringt das höchste Leben aus einer die Tiefe bewegenden Aufwühlung; das Heil aus dem Untergang des Heilbringers. Aber er kommt wieder, »einst«, in der »eschatologischen« Zukunft. Doch liegt dieses Einstig-Letzte innerhalb des Weltganzen und bedeutet daher soviel wie »immerfort wieder« im Rhythmus des Lebens: im nächsten Frühling, in der nächsten Sonnenwende, im nächsten Sohne, in der nächsten Beschwörung einer Gefahr, Stillung einer Seuche, Erringung eines Sieges.

Der Mythos des Heilbringers, dessen Gestalt und Schicksal bildet die Verdichtung des Heilserlebnisses, seines Charakters und seines beseligenden und zugleich tragischen Verlaufes. Wer den Mythos versteht, versteht das Heil. Wer in ihm lebt, tritt in den Zusammenhang der Heilsverwirklichung ein.

III

Jesus Christus

Aus diesen Überlegungen entsteht die Frage, wie sich zu den beschriebenen Heilandsgestalten Jener verhalte, den wir den Heiland einfachhin nennen, Jesus Christus.

Die relativistische Antwort sagt, er sei von den Heilbringern der Religionsgeschichte nicht wesentlich verschieden, vielmehr einer aus ihrer Reihe. In dieser Aussage laufen zwei Intentionen ineinander. Nach der ersten ist er einfachhin ein solcher Heilbringer. Was für andere Zeiten Osiris, oder Dionysos, oder Baldur, ist für die Nachantike, das Mittelalter und einen Teil der Neuzeit Christus. Unableitbar, wie Erscheinungen solchen Ranges sind; aber durch bestimmte Umlagerungen der Seelenstruktur vorbereitet und von drängender Erwartung gerufen, ist eine Persönlichkeit aufgetreten, die mit ihren Ideen, ihrem Ethos, ihrer religiösen Substanz, ihrem Werk und Schicksal die Menschen solcherart berührte, daß sie die überall webenden Heilsvorstellungen an sich zog und auf sich vereinigte. So wurde der

Rabbi Jesus von Nazareth zum Christus. Er war ein religiöses Genie von höchstem Rang. Die numinose Tiefe des Daseins stieg in ihm empor, soterische Wirklichkeit und Macht brach in ihm durch. So wurde er einer aus der Reihe der Heilbringer. Was das christliche Bewußtsein in ihm sieht, den wesenhaften Sohn des lebendigen Gottes, bedeutet nur die dogmatische Ideologie dieser besonderen »Religion«; der wissenschaftlich Betrachtende erkennt in ihm das nämliche Kernphänomen wie bei den anderen Heilbringern. Natürlich bestehen auch Unterschiede. Der Stoff, an dem der Heilscharakter zutage tritt, ist bei Christus ein anderer als bei Osiris oder Dionysos. Hier war es das Naturhaft-Vitale; bei Christus ist es das Psychologische, Ethische, Personale. Worum es aber darin geht, sind die überall wiederkehrenden Phänomene des Neu- und Heilwerdens. Der Kult des Christentums, seine Dogmatik und Mystik, seine Symbolik, Legende und Kunst zeigen, daß die allgemeinen Vorstellungen des Welt-Erlösers, des Sohnes, des Lebensbringers, des Siegers durch Tod und Wiedererstehung, des Sonnenherrn, Lichthelden und Drachenbezwingers auch in ihm auftauchen.

Mit dieser Intention kreuzt sich eine andere. Nach ihr ist Christus ein mißglückter Heilbringer. In seinem Leben und in seiner Gestalt ist zuviel »Geschichte«, menschliche Realistik, Innerlichkeit, Seele, persönliche Heilsbesorgnis. Das »Große« fehlt, die »Welt«, die mythische Substanz. Er ist ein kleiner Mann, in einem kleinen Lande und in geschichtlicher Enge geboren, an den sich mythische Kategorien zu heften suchten, ohne daß es ihnen gelungen wäre, die konkrete Wirklichkeit zu verwandeln. So hat in seiner Gestalt und seinem Lebensbild der Ur-Rhythmus von Leben und Tod nicht richtig herauskommen können. Das Welthaft-Mythische, Groß-Göttliche fehlt. Alles bleibt im Klein-Menschlichen, im Unmittelbar-Ethischen, in der Besorgnis um ein individuelles, jenseitiges Heil stecken. Darum ist es Zeit, auf die echten Heilbringer, Dionysos oder Baldur zu blicken. Sie sind reine Gestalten. Nach ihnen muß Christus geformt werden. Der reine »Krist« muß herausgeholt werden; oder der Hölderlinsche Bruder des Herakles, der letzte der »Söhne des höchsten Vaters«. Gelingt das nicht, dann muß es mit ihm zu Ende sein, und es wird Zeit für einen anderen – um so dringlicher, wenn man bedenkt, in welch engem Zusammenhang der natürliche Heils- und Heilbringergedanke zu jener Form der »Natur« steht, welche gleichsam die Überleitung ins Geschichtliche bildet, nämlich dem Volk. Von dorther legt sich die Folgerung nahe, der wahre Heilbringer müsse ganz mit Volk und Heimaterde verbunden sein, und das Heil sei letztlich die Entfaltung ihrer Fruchtbarkeit und Kraft, die Verwirklichung ihrer geschichtlichen Aufgabe, die Gestaltung der Welt aus ihrem Geist und Wesen. Das zu bewirken; das »Reich« als letzten Ausdruck geschichtsmäßiger und zugleich religiös begründeter Volksexistenz aufzurichten – darin liege die eigentliche Heilstat.

Wie steht es damit?
Wenn der Heilbringer das ist, was im Voraufgehenden beschrieben wurde, dann ist Christus keiner. Die Art seiner Lebendigkeit, der Charakter seines Wesens, die Intention dessen, was er tut und was ihm widerfährt, sind durchaus anders. Sie stehen zu diesem Heilbringer-Begriff quer – ja, sie wenden sich geradezu gegen ihn.
Zunächst eine entscheidende Feststellung: Jesus Christus ist Geschichte. Wohl steht er durch seinen vor-zeitlichen Ursprung, durch seinen Hingang zum Vater und durch seine einstige Wiederkehr im Zusammenhang der Ewigkeit. Er steht aber zugleich in der Geschichte, und zwar wesentlich. Jede Übersetzung ins Mythische zerstört sein Wesen. Das hat gerade jener gewußt, der den ewigen Hintergrund der Person Jesu so nachdrücklich herausgeholt, Johannes. Er, der den Logos-Zusammenhang entwickelt, betont mit höchstem Nachdruck, »das Wort« sei »Fleisch geworden«. Der Satz wendet sich gegen eben jene, welche die Geschichtlichkeit Jesu ins Mythologische auflösen wollten, die Gnostiker.
Alle Heilbringer stehen in der Urzeit. Von ihnen heißt es wohl, sie seien gekommen, sie hätten gelebt, sie seien gestorben. Das »Damals« aber, in dem das alles geschieht, gehört nicht zur Geschichte[3], sondern ähnelt dem Schnittpunkt des »Himmels«

---

3 Wahrscheinlich ist Buddha der einzige, auf den das nicht zutrifft – wie das Buddhaproblem überhaupt ein singuläres ist, und für die christliche Auseinandersetzung einen ganz anderen Rang hat als die übrigen.

und der »Erde«, dem Horizont, der sich nie »hier«, sondern immer weit »drüben« befindet. Es ist der Zeit-Ort des Mythischen. Was der Mythos erzählt, ist »einst« geschehen; aber in dem hinter jedem angebbaren Zeitpunkt liegenden Einst – jenem Einst, von welchem das »Es war einmal« des Märchens die freundlichere Abstufung bildet. Es ist sozusagen ein Immerfort-Geschehenes –, ebenso wie in dem nach vorn geworfenen Mythos, dem Allgemein-Eschatologischen, das Kommen ein Immerfort-Zukünftiges ist.

Demgegenüber ist Christus ganz und rein geschichtlich. Keines der damals lebenden Völker hat ein so weites und helles geschichtliches Bewußtsein wie das jüdische. Nicht einfach nur über lange Zeitspannen hingehende Erinnerung, sondern Bewußtsein eines Zusammenhangs der Führung, einer Aufeinanderfolge von Prüfung, Handlung und Konsequenz. Darin steht Jesus von Nazareth; in dem Zeitpunkt, da diese Volksgeschichte ins Gesamtbewußtsein des Abendlandes einmündet. Wer auch nur im geringsten fühlt, was diese Dinge bedeuten, muß von der Tatsache überwältigt sein, daß dieser Erlöser nicht im mythischen Einst, sondern im offenen und genauen Licht der Geschichte steht.

Und an der Schwelle von wiederum zwei Jahrtausenden. Er ist, als geschichtliche und zugleich göttliche Wirklichkeit, in ein immer heller, immer kritischer werdendes Bewußtsein aufgenommen und stetsfort als Heiland geglaubt worden. Wohl hat er für große Gruppen den Heilandscharakter verloren – von Gott her gesprochen heißt das: sie haben sich von ihm wegverloren, sind von ihm abgefallen. Doch ist die Möglichkeit dazu für ihn wesentlich und wird von der Botschaft ausdrücklich betont, denn Christus ist »Aufrichtung und Fall für Viele« und »Zeichen«, dem gegenüber Bejahung und Widerspruch hervortreten (Lk 2,34).

Und nun müssen wir an den Kern gehen: Was kommt endgültigerweise in den Heilbringermythen zum Ausdruck?

Einmal, daß sich unser Leben in Rhythmen vollzieht. Es entspringt aus der Geburt und mündet in den Tod, auf den Tod aber folgt neue Geburt. Dieser große Rhythmus wiederholt sich innerhalb des Einzellebens in abgeschwächten Formen. Am Morgen wacht der Mensch auf, am Abend schläft er ein, um morgens wieder zu erwachen. Im Frühjahr steigt die Lebendigkeit an, im Herbst sinkt sie ab, im nächsten Frühjahr beginnt sie neu. Ein Gefühl regt sich, wächst, gipfelt, sinkt zurück, und ein neues fängt an. Ein Schaffen beginnt, entfaltet sich, vollendet sich, erschlafft, und nach einer Pause beginnt ein neues. Überall also Vorgänge des Anstieges und Absinkens, die sich wiederholen; überall ein Wechsel von Gebunden-Sein und Sich-Öffnen, Eingezogen-Werden und neuem Beginn.

Diese Phasen sind nicht in sich abgeschlossen, sondern verlaufen innerhalb eines Ganzen, »des Lebens«. Dessen Fortgang ist es, was sich in den Rhythmen des Aufsteigens und Absinkens, in der Tiefe des Erstorbenseins und in der Höhe der Gipfelung vollzieht. Dieses Leben geht auch durch das Einzelwesen hindurch. Geburt und Tod scheinen jeweils absolut; in Wahrheit sind sie durchaus relativ. Was eigentlich geboren wird und stirbt, individuelle Gestalt gewinnt und sie verläßt, ist nicht das Einzelwesen, sondern das Leben überhaupt. Geburt wie Tod, Lebendigsein und Totsein sind Phasen jenes Eigentlichen; die Sondergestalt ist nur Durchgang. Was in Wahrheit besteht, ist das Leben der Gattung; das Individuum ist nur Welle. Diese Tatsache wird zusammengedrängt im dionysischen Erlebnis erfahren, wenn im Augenblick der höchsten Lebensgipfelung die Todesmöglichkeit durchdringt. Dann, wenn das Leben sich aus aller Hut und Sicherheit der individuellen Kontur, Organisation und Vernunft hinaus in das Grenzenlose wirft, erfährt es sich am mächtigsten.

Wir haben gesagt »das Leben« – der endgültige Begriff heißt »die Natur«. Sie ist jenes Ganze, das sich in jenen großen Rhythmen vollzieht. Sie ist es, die geboren wird, stirbt, verwest, neugeboren wird, wieder lebt; das Einzelwesen ist in sie eingeschlossen. Nicht dieses ist es, was da lebt, sondern die Natur in ihm. Ihr Abstieg, ihre Angst, ihr Hineingeschlungenwerden in die Tiefe lebt es mit; den in ihr sich vollziehenden Rückstrom des Lebens, das Neuwerden, den Aufstieg ins Helle, das Blühen und Fruchttragen. Das gilt auch für den Menschen. Wer in der Erfahrung des Daseinsrhythmus steht, ist nicht der Mensch als Person, sondern als Naturwesen, welches Naturwesen sich aber nicht auf das Physische beschränkt, sondern durch alle Stufen und Bereiche des Kulturellen hin aufbaut und auswirkt.

Auf diesem Rhythmus ruht das Drama des Heils, meint aber mehr als nur ihn. Wovon das Heil befreit, sind nicht nur die Bedrängnisse und Zerstörungen des natürlichen Daseins, sondern etwas Geheimnishaft-Göttliches; ein Gefährdetwerden vom numinosen Abgrund, den der naturnahe Mensch in der Nacht, im Winter, in der Nähe des Todes fühlt. Eine göttliche Furchtbarkeit droht ihn in einen numinosen Tod, ins Un-Heil zu ziehen. In der Widerkehr der Sonne und des Frühjahrs aber, im Neugeschenktwerden der Gesundheit und in der Geburt des Kindes, in den Künsten und den Hilfsmitteln des kulturellen Lebens kommt göttliche Rettung, religiöses Heil. Erst beides zusammen bildet das welteinige Dasein, welches unmittelbare Wirklichkeit und numinose Hintergründigkeit zugleich ist.

Die Heilbringer und ihre Mythen nun sind Ausdrucksformen dieses im Weltdasein selbst laufenden Rhythmus; dieses immer neu sich vollziehenden Durchganges des einen Lebens, der einen Natur durch Geburt und Tod, Blühen, Fruchttragen und Welken, Gefahr und Rettung, Entbehrung und Reichtum, aber sofern es zugleich numinose Heilsfülle beziehungsweise Unheilsgefahr bedeutet. Sie sind Erlöser, aber innerhalb jenes unmittelbaren Welt-Rhythmus – und ebendamit besiegeln sie ihn. So sind sie im letzten bannende Gestalten. Das kommt in jener Stimmung zum Ausdruck, die sie alle umwittert: der Schwermut. Bei ihnen finden sich die Gipfelungen des Lebens, zugleich aber auch die Angst des Abstiegs, das Grauen der Vernichtung, das Verschlungenwerden in den Tod. In ihnen triumphiert die Natur und mit ihr jene letzte Sinnlosigkeit, die jeder Mensch fühlt, in welchem die Person das Auge aufschlägt. Die Frömmigkeit dieser Heilbringergestalten ist ein Sich-Hineingeben in den Rhythmus der Natur; ebendagegen aber protestiert die Person. So protestiert sie auch im Namen ihrer unaufgebbaren Würde gegen alle jene Heilbringer, so tief die Fülle ihres Lebens und die Schönheit ihrer Gestalten ans Herz greifen mag. Keine Romantik des Alls, keine Mystik der Erde und des Blutes vermag diese Stimme zu widerlegen.

Wer ist also Christus? Jener, der gerade von dem erlöst, was sich in den Heilbringern ausdrückt.

Er befreit den Menschen aus der Unentrinnbarkeit des Wechsels von Leben und Tod, von Licht und Finsternis, von Aufstieg und Niedersinken. Er durchbricht die verzaubernde, scheinbar von allem Daseinssinn gesättigte, in Wahrheit alle personale Würde auflösende Eintönigkeit der Natur. Auf dem tiefsten Grunde dessen, was die Heilbringer ausdrücken, liegt die Schwermut, der Überdruß, die Verzweiflung. Die Bücher über Dionysos lesen sich wundervoll. Aller Glanz des Lebens scheint aus ihm zu kommen. Wer gegen ihn spricht, gerät in den widerwärtigen Schein der Muckerei – besonders wenn es die Jugend ist, die bei Dionysos steht und ihren inneren Lebensanstieg als Beweis für seine Wahrheit empfindet. Man muß ein bestimmtes Alter überschritten und eine Reihe jener Rhythmen durchlebt haben, dann entzaubern sie sich und man fühlt ihre verzweiflungsvolle Monotonie. Nicht nur das Schaurige, Furchtbare, Entsetzliche – das alles wären noch hochwertige Akzente; nein, die Öde, die Ernüchterung, den Überdruß. Die liegen auf dem Grund. Davon macht Christus frei – davon und von dem »Religiösen«, welches sich in ihnen ausdrückt.

Die Erlöserwirkung Christi liegt grundsätzlich anderswo als jene des Dionysos und Baldur. Er bringt nicht jene Befreiung, welche der Frühling gegenüber dem Winter und das Licht gegenüber der Finsternis bringen, sondern sprengt den Bann jenes Ganzen, in welchem Winter wie Frühling, Finsternis wie Licht, Alter wie Jugend, Krankheit wie Gesundheit, Entbehrung wie Reichtum verwoben und gebannt liegen, der Natur. Die Heilbringer bilden den Ausdruck der Lösungskomponente jener gleichen Natur, die auch die Bindungskomponente enthält; das Aufstiegsmoment neben dem ebenso wesentlichen Abstieg. Christus hingegen erlöst vom Bann der Natur überhaupt, ihrer Bindungen sowohl wie ihrer Lösungen, ihrer Abstiege wie ihrer Aufstiege, zu einer Freiheit, die nicht aus der Natur, sondern aus der Souveränität Gottes kommt.

Im Bereiche der Heilbringermythen hat die Person keinen Raum, bedeutet ja doch ihre Frömmigkeit gerade, den Anspruch der Person auf ihre Einzigkeit aufzugeben und nicht mehr sein zu wollen als der Baum im Walde und das Wild auf den Bergen: Welle im Strom des Lebens, vorübergehende Gestalt im großen Wandel. Und zwar gilt das durch alle Stufen dieser Erlösungsfrömmigkeit hindurch, auch wo sie sich aus dem Triebhaften zu höchster Kulturgestalt erhebt. In diesem Zusammenhang gibt es weder die Person mit ihrer unaufhebbaren Einmaligkeit und Würde, noch das Geistig-Absolute, auf das sie bezogen ist, sondern alles ist relativ und geht im Rhythmus des All-Lebens, des Naturganzen auf. Es gibt kein im eigentlichen Sinne Gutes und Böses, das durch das Entweder-Oder der sittlichen Entscheidung getrennt ist und den Sinn der Person bestimmt, sondern beides gehört zusammen wie Tag und Nacht, und das Leben besteht aus dem einen wie aus dem anderen. Es gibt keine unwiederbringliche Stunde mit ihrer ewigen Tragweite, sondern alles fließt in alles. Ja, alles wiederholt sich. Sobald der Frühling kommt, steht hinter ihm die unendliche Kette der vergangenen Frühlinge und vor ihm die der künftigen. Falls man nicht vom Ernst der personalen Existenz her sagen muß, das Vergangene werde vergessen und vom Kommenden werde abgesehen. Denn der wesenhafte Zustand dieser Sphäre ist ja das unmittelbare Aufgehen im Jetzt, nicht als Ernst der Konzentration auf die nun dringliche Entscheidung, sondern als Gegenwartsgebundenheit des Naturdaseins. Die Welt des Mythos hat nur das Gedächtnis der Natur, in deren Einheit nichts verlorengeht, vielmehr alles bleibt und weitergeht; das eigentliche Gedächtnis hingegen setzt die Einzigkeit der Stunde und das Sinngewicht der freien Tat voraus. Ebenso hat die Welt des Mythos nur das Vorgefühl der immer wiederkehrenden und im Zustand des Augenblicks sich ankündigenden Lebensrhythmen; die eigentliche Voraussicht hingegen setzt die Verantwortung für das eigene Tun und das Bewußtsein von dessen Sinngewicht voraus. Beides aber ruht auf der Person und ihrer Beziehung – nicht zum Immer-Weiter des Naturlaufes, sondern zur Absolutheit des Ewigen. Von dieser Welt, welche alles in den Bann des Vergehens und Sich-Wiederholens, des Vergessens und Nicht-Voraussehens einschließt, weil nichts wirklich es selbst, sondern alles nur Welle im Strom ist, befreit Christus, indem er die Person anruft und sie in ihre ewige Verantwortung stellt. Er richtet die absoluten Unterschiede auf. Er macht die – nicht endlos fortwirkende, sondern ewig gültige Bedeutung der personalen Entscheidung deutlich. Wenn der Mensch ihn hört, wird er frei vom Bann der Natur mit ihren Unheilgestalten, aber auch, ja ganz besonders, ihren Heilbringern.

Damit ist nicht gemeint, Christus erlöse vom Trieb zum Geist; das würde nur heißen, daß der Mensch von Dionysos zu Apollon käme. Aber die Griechen haben selbst gewußt, daß Dionysos und Apollon Brüder sind, ja in einer letzten Tiefe nicht mehr unterschieden werden können. Und der Geist, den Apollon oder Athene verkörpern, liegt, christlich gesehen, unter dem gleichen Bann wie die physische Natur, in der Dionysos und Demeter herrschen. Dieser »Geist« und diese »Natur« sind zwei Aspekte der gleichen Gesamtwirklichkeit: der Welt und des welthaften Menschendaseins. Christus löst von ihrer Verfangenheit zu einer Freiheit, die aus dem Heiligen Geiste stammt und berufen ist, jeden welthaften Geist unter Kritik zu nehmen.

Und wie erlöst Christus?

Vor allem dadurch, daß er »von oben« kommt (Jo 8,23). Die Heilbringer kommen aus dem Schoß der Welt und der Natur; Christus aus dem Dreieinigen Gott, der in keiner Weise in das Gesetz vom Wandel des Lebens und des Todes, des Lichtes und der Finsternis eingefangen ist – ebensowenig wie in das geistige Gesetz der Entfaltung des Selbstbewußtseins, der Läuterung des Ethischen, der Heraufführung der höheren Persönlichkeit. Er kommt aus der unabhängigen, ihrer selbst mächtigen Freiheit Gottes. Schon dadurch macht er vom Gesetz der Welt frei. Er offenbart, daß es das Andere gibt – das wahrhaft und absolut Andere, das keine Dimension der Welt mehr ist. Er ist selbst dieses Andere, und zwar so, daß man zu ihm kommen kann. Er ist der Heilige Gott, in Liebe uns zugewendet und aus Liebe Mensch geworden.

Christus ist vom Bann der Welt frei; ganz im heiligen Willen des Vaters verwurzelt. In dieser Freiheit lebt er den Zustand der Welt, die Sünde, durch. Darin sühnt er ihre Schuld und wendet die Abgefallene wieder zu Gott zurück. So erlöst er sie. Und da er so geartet ist, daß sein Gottesverhältnis vom Glaubenden mit vollzogen werden kann, wird ebendarin der Einzelne der Erlösung teilhaftig.

Christus offenbart, wer Gott wirklich ist: nicht der Weltgrund, nicht die unendliche numinose Strömung, nicht die höchste Idee, sondern der in sich selbst stehende Schöpfer und der Herr der Welt. Der, von dem wir aus der Welt, obwohl er sich darin ausdrückt, nur verworren wissen, weil unsere Augen blind und unser Herz widerspenstig ist. Gott offenbart sich, indem er sich in unser Menschsein übersetzt. Auf die Frage, wer der Vater sei, lautet die Antwort: Jener, den Jesus meint, wenn er sagt: »mein Vater«. Auf die Frage, wie der Lebendige Gott gesinnt sei, lautet die Antwort: So, wie er sich in den Worten, dem Verhalten, dem Leben und Sterben Jesu gezeigt hat.

Christus hat auch den Menschen enthüllt. Auf die Frage, was der Mensch sei, gibt es zwei Antworten. Die eine heißt: Er ist jenes Wesen, in dessen Dasein Gott sich übersetzen, die Sprache, in der Gott sich selbst sagen konnte. Der Mensch ist so, daß in Jesus, dem Kinde, dem Helfer der Kranken, dem Lehrer der Ratlosen, dem vor Pilatus Schweigenden, dem am Kreuze Sterbenden sich der Lebendige Gott aussprechen kann ... Er ist aber auch jenes Wesen, das dem ewigen Sohn, da er als ausgesprochenes Wort Gottes in der Welt war und als ewiges Licht in einem Menschenangesicht leuchtete, den Tod gebracht hat.

Wenn der Mensch annimmt, was in Christus zu ihm kommt, gehen ihm die Augen darüber auf, wer Gott ist, und wer er selbst; was er selbst ist, und was die Welt. Das ist die Wahrheit, und dadurch wird er frei.

Wie stehen nun die Heilbringer, von denen die Rede war, zu Christus? Sind sie nur Weisen, wie die Welt den Menschen in sich hineinbindet? Sie sind das; zugleich aber Weisen der Sehnsucht nach dem echten Heiland. Daher ihre Ähnlichkeit mit diesem, zuweilen so groß, daß sie zur Gleichsetzung verleitet. Sie sind nicht nur Verlockungen, im Weltzusammenhang unterzugehen; solange der an sie Glaubende im Advent steht, ahnt er in ihnen die echte Erlösung. Die innerweltlichen Lösungen des Lebens aus der Fessel des Todes deuten auf die Lösung des Daseins aus der Verfallenheit überhaupt hin. Wenn dann, in der echten Epiphanie, Christus kommt, wird der Hinweis zur Klarheit. Da wird zum Menschen gesagt: Was du ersehnt hast, ist nun da, über alle Möglichkeiten des Sehnens hinaus. So sehr, daß noch dein Sehnen selbst zur Deutlichkeit dessen erlöst wird, wonach es sich eigentlich sehnte. Denn es sehnte sich, und wußte doch nicht, wonach.

Wenn aber der Adventswille erlischt; wenn der Mensch gar, nachdem der Erlöser gekommen, wieder von ihm abfällt und sich in jene innerweltlichen Lösungen einschließt, dann werden die Heilbringer zu Verneinungen Christi. Sie treten in einen neuen, furchtbaren Advent: sie werden zu Vorentwürfen des Antichrists. Solange das nicht geschieht; solange zuerst die Adventshoffnung auf den kommenden und dann der Glaube an den erschienenen Christus festgehalten werden, sind die Heilbringer innerweltliche Bilder seiner überweltlichen Bedeutungsfülle – so sehr, daß es der Kirche möglich wird, ihre Symbole in das Christliche einzubauen. So hat die Gestalt des Mithras auf die Auffassung Christi als der geistlichen Sonne Einfluß gehabt, und die Symbolik der Winter-Sonnenwende ist für das Weihnachtsfest bedeutungsvoll geworden; die Gestalt des Herakles klingt in der des heiligen Georg nach, der selber ein Widerhall des eigentlichen Drachenbezwingers, Christi, ist, und noch manches derart wäre anzuführen. Was Christus erlöst hat, ist ja nicht nur der Geist oder die Seele, sondern der Mensch und die Welt. Und er hat sie erlöst nicht von ihrem Wesen, sondern von ihrer Verfallenheit und Gottesferne. Er hat sie in das beginnende Reich des Vater heimgeholt. Durch die Wiedergeburt, die sich beständig in Glaube und Taufe, in Herzensumkehr und Sakrament vollzieht, werden Mensch und Welt zur Neuen Schöpfung. Indem Christus »das wahre Leben« brachte, hat er das verfallene Leben mit allem, was an Lösungserfahrungen darin war, hereingezogen. Indem er »die Sonne unseres Heils« wurde, ist die natürliche Sonne mit ihren Rhythmen und Erscheinungen zu seinem Gleichnis geworden. So ordnet die Liturgie die natürlichen Erlösungserfahrungen und Symbole in die kultische Vergegenwärtigung der eigentlichen Erlösung, des Lebens und der Tat Christi, ein. Man kann in gewissem Sinne sagen, daß die Wirklichkeit, die Erfahrungsform, die Rhythmik und Symbolik der natürlichen Lösungen zur Aneignungsgrundlage und Vollzugsform der eigentlichen Erlösung geworden sind.

Das Unendlich-Absolute
und das Religiös-Christliche

I

Sie haben im Rahmen dieser Vortragsreihe[1] etwas darüber zu hören gewünscht, was das Problem des Unendlichen für die Theologie bedeute. Wir waren übereingekommen, es solle sich dabei um wirkliche Theologie handeln. Also weder um Philosophie noch um private religiöse Erlebnisse; vielmehr um die Bedeutung des genannten Problems für jenes Denken, das mit dem Faktum der Offenbarung ernst macht.

In diesem Sinne werde ich also auf die Frage zu antworten suchen. Vorher müssen wir aber einige Klärungen vornehmen. Vor allem eine terminologische. Das Wort »unendlich« wird in verschiedenem Sinn gebraucht. Etwa spricht man von einer unendlichen Reihe und meint damit, daß eine gegebene Anfangsgröße immer weiter vermehrt oder, einen bestimmten Modus vorausgesetzt, vermindert werden könne. Dann meint das Wort, es sei unmöglich, dem Fortgang der Operation eine absolute Grenze zu setzen. Innerhalb dieses Fortgangs bleibe aber jede einzelne Größe begrenzt, das heißt endlich.

Im gleichen Sinne braucht man den Ausdruck »unendlich« gegenüber dem Zusammenhang des Raumes, der Zeit, der Verursachungskette usf. Jedesmal meint er die eigentümliche Antinomie, angesichts eines Kontinuums sowohl die Begrenztheit jeder bestimmbaren Stelle wie auch die Unbegrenztheit des möglichen Fortgangs aussagen zu müssen.

Das ist die unechte Unendlichkeit. Ihr Begriff ist geeignet, den der echten zu verschleiern. Letztere meint nämlich eine Größe,

<hr>

1 Ein Arbeitskreis von Mathematikern hatte Vertreter verschiedener Fachwissenschaften eingeladen, etwas über die Bedeutung zu sagen, die der Begriff des Unendlichen in ihrem Arbeitsbereich habe.

die mit Begrenzung überhaupt nichts zu tun hat, weil sie eine solche wesentlicherweise ausschließt.

Angesichts dieser Definition wird deutlich, daß sogar der Begriff der »Größe« auf sie nicht ohne weiteres angewendet werden kann. Jedenfalls nicht in einem quantitativen Sinne, denn Größe meint Meßbarkeit; wo aber keine Grenzen sind, kann auch nicht gemessen werden. So meint der Begriff etwas Qualitatives, und zwar jene Eigenschaft, kraft derer das gemeinte Seiende auf der Linie des Maßes jede Meßbarkeit transzendiert.

Der Begriff des Unendlichen bildet eine Unterform eines umfassenderen Begriffs, nämlich des Absoluten. Letzteres ist jenes Seiende, das nicht nur die Einschränkung durch eine Grenze des Maßes, das heißt die Endlichkeit, sondern jede Einschränkung einfachhin, das heißt die Bedingtheit, ausschließt.

Das Absolute ist also das Nicht-Bedingte. Positiv ausgedrückt, jenes Seiende, das alle Bedingungen des Wesens und Seins in sich selbst trägt, will sagen, das schlechthin Autonome und Autarke. Ihm gegenüber ist das Endliche sowohl begrenzt, also nach Wesen und Sein eingeschränkt, als auch bedingt, also von Anderem abhängig.

Vielleicht empfinden Sie die Frage, wie wir überhaupt zum Begriff des Absoluten gelangen, und wir wollen wenigstens andeuten, wo die Antwort liegt. Sie kann in verschiedener Weise versucht werden.

Einmal: Unser Denken stößt an jeder Stelle seiner Betätigung auf den Unterschied zwischen dem Notwendigen und dem Faktischen. Daß der Stein, den ich in der Hand halte, jetzt fällt, bildet keine Notwendigkeit, sondern eine Tatsache. Er fällt nur, wenn ich ihn loslasse. Sobald er aber fällt, muß er nach dem Gesetz fallen, das für diesen Vorgang gilt. Das Gesetz ist also – letzte Axiome vorgegeben – notwendig; sein konkreter Vollzug faktisch. An dieser Erfahrung erwacht der Gedanke eines Seienden, das seinem ganzen Wesen nach notwendig ist.

Dann: Die Organisation unseres Geistes zwingt uns, angesichts jeder Gegebenheit zu fragen, warum sie so, und warum sie überhaupt sei. Die Antwort lautet: Weil bestimmte Ursachen sie dahin bedingen. In der Kette dieser konkreten Verursachungen können wir immer weiter zurückgehen. Sie bildet eine unendliche Reihe in dem Sinne, daß wir innerhalb ihrer niemals an einen radikalen Anfang kommen, weil jedes Endlich-Gegebene eine Ursache voraussetzt, warum es so, und warum es überhaupt ist. Auf dieser Linie weichen wir aber der eigentlichen Frage aus. Diese läuft nämlich zur Reihe quer beziehungsweise erhebt sich an jeder Stelle in ihr und richtet sich nicht auf die jeweils vorausgehende Ursache, die ihrerseits auf eine frühere hinweist, sondern auf die Ursache einfachhin. Das ist die absolute Ursache, von der alles Relative, die ganze Reihe der das Dasein bildenden Verursachungsbeziehungen abhängt. Daß aber diese Reihe als Ganzes einer Verursachung bedarf, und zwar einer spezifischen, von anderer Art als jene, aus welchen sie selbst besteht, nämlich einer radikalen, wird durch den Charakter des Weltseins nahegelegt: es bezeugt sich dem nicht voreingenommenen Auge und Geiste so, daß es nicht in sich selbst stehen kann. Wo immer wir auf es treffen, ist es endlich; keine Häufung von Endlichkeiten ergibt aber ein Unendliches – ebensowenig wie der Schritt ins Ganze Unendlichkeit ergibt, wenn sie nicht schon im Element ist. Diese »spezifische Ursache« ist das Absolute – wobei nicht übersehen werden darf, daß in diesem Gebrauch der Begriff der Verursachung eine Veränderung erfährt, welche es unmöglich macht, das Gemeinte in eine Reihe mit jenen Verursachungen zu bringen, welche innerhalb des Endlichen laufen[2].

Und endlich: Alle Gegenbenheiten unserer Erfahrung sind so geartet, daß ihr Sinn über ihr Sein hinausweist, das heißt, sie haben Symbolcharakter. Es ist jener Sinnverhalt, den die platonische Metaphysik durch den Begriff der »Idee« interpretiert. Danach ist jedes Ding endlich und zufällig; in ihm drückt sich aber eine Sinngestalt aus, die ihrerseits im schlechthin Absoluten, dem Guten, begründet ist. Wie immer wir das Phänomen deuten

---

2 Dabei sollen die erkenntnistheoretischen Probleme, welche sich an diesen Gedankengang heften und uns besonders seit Kants Kritik vertraut sind, auf sich beruhen bleiben. Auch die Frage, wie nach der Existenzphilosophie die durch kein Absolutes gestützte Endlichkeit der Welt sich in der Wirklichkeit erhalte, kann hier nicht erörtert werden. Es sei nur die Vermutung ausgesprochen, daß der Absolutheitsbegriff sich in einen anderen Begriff oder in ein Gefühl verkleide und so jene festigende Wirkung ausübe, ohne welche ja doch jedes Daseinsbild zerfällt.

mögen – wir stoßen in der Erfahrung der Dinge und im Vollzug unseres Lebens überall auf Gegebenheiten, die bedingt sind, in deren Wesen aber ein Unbedingtes zur Selbstbezeugung beziehungsweise zur Erscheinung gelangt. Der Begriff des Absoluten gehört zu unserem geistigen Sein. Es gibt kein Bewußtsein, das ihn nicht, klar oder verschleiert, direkt oder indirekt, enthielte.

Und nicht als zufälligen Bestandteil, sondern als das schlechthin begründende Element. Jede Frage nach dem Sinn des Daseins – ob es nun die nach Ursache und Entstehung, oder nach Ziel und Fortgang, oder nach Bild und Wesen, oder nach Norm und Bindung ist – führt in irgendeiner Weise zum Begriff des Absoluten zurück. So erhebt sich ohne weiteres die Frage, wie sich das Relative zu ihm verhalte. Doch das Problem ist damit noch nicht in den theologischen Bereich gelangt.

II

Die Absolutheit drückt die Weise aus, »wie« das gemeinte Seiende das ist, was es ist – »was« aber ist es?

Die Sprache der Menschheit hat dafür ein Wort: es ist »Gott«. Es meint das Absolute, sofern dieses durch eine spezifische Erfahrung, nämlich die religiöse, als Wirklichkeit aufgefaßt wird. Es ist die Erfahrung des »Heiligen«. Das Heilige kann auf nichts Anderes zurückgeführt werden; es ist Urphänomen. Man trifft es – richtiger gesagt, wird von ihm betroffen. Es ist da, so, wie in anderem Zusammenhang das Schöne oder das sittlich Rechte da ist. Alle Versuche, diese Phänomene psychologisch, oder soziologisch, oder wie immer aufzulösen, ruhen auf einer Atrophie des erfahrenden Organs oder auf Fehlern des Denkens. Wir sprechen nicht vom Schönen, weil psychologische Bedürfnisse oder Einflüsse der Umgebung uns dazu bringen, sondern weil das Schöne »ist«. So ist auch das Heilige seiend: das Geheimnishafte, Scheu Erzeugende, Bergende, Heil-Gewährende – ob es uns nun aus einer Naturgestalt, oder einer menschlichen Begegnung, oder einer Kathedrale, oder einer Schicksalsfügung entgegentritt.

Die Begegnung mit dem Heiligen gibt uns das Bewußtsein eines Sinnes, der nicht einzelne Seiten unseres Wesens – Gesundheit, wirtschaftliches Bedürfen und Gebrauchen, Gemeinschaftsbeziehungen, Erkenntnis, ästhetische Gestaltung und andere mehr – sondern unsere Existenz einfachhin betrifft. Es antwortet in einer letzten und allein erfüllenden Weise auf die Frage, warum ich da bin; warum ich der bin, der ich bin; wohin sich die Existenzperspektive meines Daseins richtet usf. Dieser Sinn ist »das Heil«.

Durch die Erfahrung des Heiligen bekommt der Begriff des Absoluten, von welchem die Rede war, einen qualitativen Inhalt: Gott ist das in sich Heilige und Heile, und als solches Jenes, welches das Heil gibt. Mehr: Gott ist nicht ein »Was«, sondern ein »Wer«, der »Er« schlechthin; der Träger absoluter Initiative, Bewußtheit, Freiheit und Verantwortung.

Gott ist der Absolut-Heilige. Es gibt aber auch das Endlich-Heilige. Etwa die Gesinnung, die den Menschen treibt, das Heilige zu suchen und zu ehren; oder der Zustand, in den er gelangt, wenn er sich religiös sinnvoll verhält. Darin ist er als endliches Wesen vom Wert des Heiligen berührt, bestimmt, zu einer sonst nicht möglichen Erfüllung gebracht. Damit hört er aber nicht auf, endlich zu sein.

Nun taucht die oben gestellte Frage im religiösen Bereich auf und lautet: Wie verhält sich der Absolut-Heilige zum Bedingt-Heilsfähigen? Wie der Heil suchende Mensch zum Heil spendenden Gott? Wie der ins Heil gehobene Mensch zu Gott, welcher der Wesenhaft-Heilige ist?

Auf dieser Angrenzung des Absoluten an das Bedingte im Raum des Heiligen ruhen die eigentlich religiösen Probleme. Die Geschichte des menschlichen Denkens ist vom Ringen um sie erfüllt.

Darin zeichnen sich, für die theoretische Besinnung besonders wichtig, Versuche ab, die Frage nach dem Verhältnis ganz zum Verschwinden zu bringen, indem behauptet wird, in Wahrheit bestehe nur eines, die Welt. Etwa bemühen sie sich, die Realität der endlichen Dinge und Vorgänge aufzulösen. Die indische Maya-Lehre zum Beispiel sagt, die Dinge, die Geschehnisse, der Mensch mit seinen Handlungen und Schicksalen seien nur Schein, sich erhebend aus einer Art Allbewußtsein, welches träumt. Die

Aufgabe der religiösen Arbeit aber bestehe darin, diesen Schein zu durchschauen und aufzulösen; denn was es gebe, sei nur das große Eine, welches sich jeglicher Begrenzung und Bestimmung entziehe ... Im Abendland – zu dessen Wesen es gehört, das Endlich-Geschichtliche in Redlichkeit und Treue zu bewahren – kehrt das Motiv nur abgeschwächt wieder, und es entstehen die verschiedenen monistischen Anschauungen, welche zwar dem Endlichen eine Realität zubilligen, es aber aus dem Absoluten hervorgehen und wieder dahinein zurücktauchen lassen ... Diese Versuche mißverstehen eine echte Einsicht: daß kein Endliches in sich gründet, es vielmehr aus einer absoluten Ursache kommt und auf ein letztes Ziel zugeht. Zur Klarheit der Seinserfahrung gehört aber auch, daß das Endliche als solches wirklich ist: daß es zwar nicht sein muß, aber, nachdem es entstanden, in den Grenzen seiner Bedingtheiten unaufhebbar ist.

Es gibt auch die Gegenversuche, hervorgehend aus einer starken, ja revolutionären Erfahrung von der Wirklichkeit der Dinge und des Menschen. Diese Erfahrung taucht besonders nach Epochen metaphysischer Synthesen und All-Eins-Theorien auf: als Positivismus, Empirismus, Materialismus und wie immer. Dahin gehört auch der Existentialismus, der allem Absoluten mißtraut und nur das Einzelwesen mit seiner Initiative, seiner Entscheidung und Tat anerkennt ... Sobald aber der Mensch rein erfährt und sauber denkt, sieht er, daß er in Ordnungen des Denkens und Seins steht, welche zwar endlich, aber gültig, das heißt durch Absolutes bestimmt sind.

Erfahrung wie Durchdenkung des Seins zeigen, daß das Problem des Verhältnisses von Absolutem und Relativem nicht aufgehoben werden kann.

III

Fragen wir also, wie es von der christlichen Botschaft her beantwortet wird.

Im vorhinein kann man sagen: Die christliche Antwort ist dadurch bestimmt, daß sie die ganze Problematik des Verhältnisses annimmt und aushält. Was damit gemeint ist, soll an einzelnen Punkten gezeigt werden.

Die Lehre von der Schöpfung sagt: Die Welt ist nicht Schein, sondern echte, vom Schöpfer gesetzte Wirklichkeit. Aber eine Wirklichkeit, die nach Zeit und Raum, nach Wesen und Sinn endlich ist.

Hier erscheint schon das Problem: Gott ist der Absolute. Er ist von der Welt unabhängig. Er wäre, und wäre Der, der Er ist, auch wenn die Welt nicht wäre. Wenn die Welt fehlte, würde nichts Absolutes fehlen; daß Gott wäre, »würde genügen«. Warum ist sie also? Antwort: Weil Gott sie geschaffen hat.

Damit ist die Frage aber nur zurückgeschoben. Sie lautet nun: Warum schafft Gott? Eine häufig gegebene Antwort lautet: Weil er schaffen muß. Weil das Schaffen mit Notwendigkeit aus seinem Wesen, oder aus der Fülle seines Mitteilungsdranges hervorgeht. So hat in mannigfachen Annäherungen und Abwandlungen – Parmenides, Platon, Aristoteles, Plotin – die griechische Religionsphilosophie gedacht. So die idealistischen Theorien, für welche die Welt aus dem Prozeß der göttlichen Selbstentfaltung hervorgeht. So der späte Scheler, wenn er sagt, Gott bedürfe der Welt, um durch sie aus Ur-Dumpfheit und Ur-Leiden zur Freiheit zu gelangen usf. Diese Antwort zerstört das Fundament der Daseinswahrheit, welches darin besteht, daß Gott absolut ist; denn das besagt, daß er der Welt nicht, auch nicht in der subtilsten Weise bedarf.

Warum schafft er also die Welt? Die christliche Theologie antwortet: Weil er will. Und warum will er? Weil er will; aus der reinen Freiheit seiner Initiative, welche sich selbst Grund ist.

Nun werden Sie vielleicht aus Ihrem philosophischen Gefühl heraus einwenden, wie der Absolute frei sein könne? Ist, wenn er selbst absolut ist, nicht auch alles das, was er tut, absolut, damit aber notwendig? Hier stehen wir tatsächlich an einem theologischen Zentralpunkt.

Wenn Sie in der Heiligen Schrift lesen, wird Ihnen etwas auffallen: die Art, wie sie von Gott spricht. Da bemerken Sie Aussagen wie folgende: Gott entschließt sich, er handelt, er kommt, er weilt usf. Diese Ausdrücke hat man für Anthropomorphismen erklärt und die Aufgabe eines philosophisch geklärten Denkens darin gesehen, das, was sie meinen, in eine reine Form zu übersetzen. In Wahrheit hat man dabei alles zerstört, denn diese Redeweise ist eine wesentliche Glaubensaussage und bildet ein Grundelement der Offenbarung[3].

Diese in der Struktur der biblischen Redeweise selbst liegende Aussage meint: Man kann Gottes schöpferisches Verhalten mit der bloßen Kategorie der Absolutheit, das heißt hier, der Notwendigkeit, nicht denken, sondern muß die der Faktizität, der Tatsächlichkeit, hinzunehmen. Das Sein des Parmenides, das Über-Eine Plotins, der Weltgeist des Idealismus kann mit der bloßen Absolutheitskategorie gedacht werden, der Lebendige Gott der Offenbarung nicht. Ihn können wir nur so denken, daß wir sprechen, wie die Schrift spricht, nämlich – und nun heißt es nicht anthropomorph, sondern: geschichtlich. Genauer gesagt: daß wir von einem Sich-Entschließen, Kommen und Handeln Gottes sprechen, aber dabei seine Absolutheit festhalten.

Durch beides vollziehen sich entscheidende Abgrenzungen. Das Sprechen in geschichtlichen Begriffen, das heißt in der Kategorie der Faktizität, grenzt den Gott der Offenbarung vom höchsten Wesen der Philosophie ab, bei welchem dies nicht möglich ist. Das Festhalten der Absolutheitskategorie grenzt ihn vom Mythos ab, dessen Numina nur die Geheimnisformen von Weltbereichen und Lebenskräften sind, und daher den Absolutheitsbegriff überhaupt nicht annehmen. Wie dieses Zusammensein der beiden Kategorien im Gott-Denken näherhin zu vollziehen sei; ob man hier von einer Dialektik reden könne, und wie, bejahendenfalls, diese äußerste aller möglichen Dialektiken zu fassen sei, damit sie nicht der Gefahr des Monismus verfalle, ist eine Frage, die hier nicht erörtert werden kann. Jedenfalls liegt aber hier eines der zentralen Probleme der Theologie. Und die entscheidende religiöse Erfahrung Pascals, des großen Mathematikers und Physikers, hat gerade darin bestanden, daß Gott »nicht der Gott

---

3 Vgl. etwa *Kants* Religion in den Grenzen der reinen Vernunft. Der Leser, der einen auch nur einigermaßen klaren Begriff vom christlichen Dasein hat, empfindet ein ratloses Staunen: Wie konnte dieser scharfe Geist annehmen, Banalitäten gleich Ergebnissen »philosophischer« Umdenkung seien imstande gewesen, den ungeheuren Vorgang der christlichen Geschichte zu tragen?

der Philosophen«, also das bloße absolute Wesen, sondern »der Gott Abrahams, Isaaks und Jakobs«, das heißt der Gott ist, der sich geschichtlich, in freier personaler Entschließung und in Beziehung zu Personen kundgetan hat[4]. So daß es im Grunde überhaupt keinen »Begriff« von Gott, sondern nur einen »Namen« für ihn zu geben scheint.

IV

Aber unser Einwand ist damit nicht bereinigt, sondern steht noch da: Wie kann Gott absolut und doch frei sein? Wie soll der Ewig-Notwendige sich entschließen und schaffen können? Auf diese Frage gibt es nur eine Antwort: Das ist so, weil Gott so ist, daß er das kann. Den bloßabsoluten Gott der Philosophie gibt es nicht. Er ist eine Abstraktion. Der wirkliche Gott ist so, wie er sich in der Offenbarung kundgetan hat.

Das anzunehmen ist für unseren Verstand eine große Zumutung – und eine ebenso große für unser Existenzgefühl. Je schärfer wir denken, und je tiefer wir an unserem Denken beteiligt sind, desto mehr sind wir versucht, zu erklären, dergleichen könne nicht sein. Einen absoluten Gott kann ich leicht annehmen; er läßt zwar letzte religiöse Forderungen unerfüllt, bringt aber mein Denken auch nicht in Konflikte wie die soeben gezeichneten. Ein Gott hingegen, der in Freiheit handelt; der mich geschaffen hat, weil er wollte, ohne daß es notwendig gewesen wäre, widerpricht meinem philosophischen Gefühl. Ich kann ihn in mein Denken nicht einordnen. Auch will ich ganz persönlich meine Existenz keinem solchen Entschluß verdanken; lieber überhaupt nicht sein. Das aber ist das philosophische – und das existenzielle – »Skandalon«.

Christlicher Glaube bedeutet die Überwindung dieses Ärgernisses: die immer neue Annahme dieses Grundverhältnisses. Wie kann man aber annehmen, was das Gefühl als unsinnig empfindet?

4 So in seinem *Mémorial,* in dem er die Erinnerung an jene Erfahrung niedergelegt hat (*Pensées et opuscules,* ed. Brunschvieg, 1912, S. 142; dazu *R. Guardini,* Christliches Bewußtsein, Versuche über Pascal, München ²1950, S. 23 ff).

Hier geht es um etwas, was für die Verwirklichung der religiösen Existenz von der größten Bedeutung ist: die Unterscheidung zwischen »Unsinn« und »Unbegreiflichkeit«. Formulieren wir schärfer: zwischen einer In-Frage-Stellung des Sinnes, die aus der Unwahrheit des Behaupteten kommt[5], und jener, welche daraus kommt, daß Höheres sich in einem niedrigeren Sinnzusammenhang bezeugt[6]. Unterscheidungsfähigkeit bedeutet hier, sehen zu können, daß der zweite »Nicht-Sinn« nur scheinbar ein solcher; daß er in Wahrheit höherer Sinn ist, der aber niedere Maßstäbe sprengt. In unserer Frage handelt es sich um das schlechthin Höchste, um Gott, der im Zusammenhang unseres bedingten Denkens erscheint; so besteht der Grundakt des religiösen Verhaltens darin, dieses Sinn-Verhältnis denkend und fühlend zu erkennen und ebendie Sprengkraft des Übersteigenden zur Aufschwungkraft zu machen, um es in die eigene Existenz aufzunehmen – richtiger gesagt, diese Existenz in seine Maßstäbe einzuordnen. Das meint der meist so töricht zitierte Satz des Tertullian: *credo quia absurdum*. Nicht, daß der Glaube Unsinn sei und in geistmörderischer Fügsamkeit ebendeshalb angenommen werde; das kann und darf nicht geschehen. Er meint vielmehr, daß der Erfahrende die wesenhafte Unauflöslichkeit der Gottesoffenbarung vom Endlichen her als »sinnvollen Nicht-Sinn«, sagen wir richtiger, als »Übersinn« erkennt, und gerade die Bewegung der Abwehr, welche sie zunächst in ihm auslöst, als Auftrieb nimmt, um sie sich anzueignen. Diese Aneignung bezeugt sich dadurch als richtig, daß sie Befreiung und Erhebung wirkt; von der Kraft der Gottesbezeugung getragen, steigt der Glaubende über sich auf die Ebene des Sich-Bezeugenden empor.

Ja, man kann sagen: Ein Gott, der den Angerufenen nicht vor diese Schwierigkeit brächte, mit dem sein Denken und Fühlen ohne weiteres einverstanden wäre, würde nicht lohnen. Es wäre ein armseliger Gott, und das religiöse Leben würde seinen Sinn verlieren.

---

5 Z. B. $2 \times 2 = 5$.
6 Z. B. wenn die Freiheit, d. h. die Initial-Kausalität, in der von durchgehender Kausalität bestimmten physikalisch-biologischen Natur erscheint.

Das Problem der Freiheit Gottes und der aus ihr entstehenden Situation verschärft sich angesichts des Leidens und des Bösen in der Welt. Denn Gott ist gut – wie kann dann das Böse sein? Antwort: Gott hat den Menschen als freies Wesen geschaffen, redliche Freiheit aber heißt, zwischen Gut und Böse wählen zu können.

Wie ist aber eine solche Wahl möglich, wenn Gott der Absolute, das heißt hier, der Allwirkende und Alldurchwaltende ist? Wie ist dann im Geschöpf eine Freiheit möglich, deren kritische Form darin besteht, wollen zu können, was Gott nicht will? Die Offenbarung antwortet: Wenn Gott schafft, macht er damit Ernst. Er hält das Geschöpf nicht im Schein, sondern stellt es in Wirklichkeit. Voll wirklich ist ein geistbestimmtes Wesen aber erst dann, wenn es sich in der eigenen Handlung selbst besitzt, das heißt Initiative, Anfangskraft, Freiheit hat. Gottes Schaffen ist furchtlos und von vollkommener Großmut. So bindet er den Menschen nicht durch eine angeblich tiefsinnige, in Wahrheit primitive Notwendigkeit, sondern will, daß er er selber sei, und wagt den Sinn seiner Schöpfung in diese Freiheit hinein – auf die Gefahr hin, daß sie ihn verrate.

In der Freiheit des Geschöpfes; vollends in der mißbrauchten Freiheit, im Bösen, erhält das Problem der Angrenzung des Absoluten und des Bedingten eine besondere Schärfe. Das Christentum nimmt sie ganz an. Es anerkennt und hält fest: Gott ist der Allmächtige und Allwaltende. Ebenso aber: Er hat den Menschen wirklich und redlich in seine Freiheit gestellt. Gott ist der Heilige, der nur das Gute will; der Mensch aber hat das Böse gewollt und getan.

Dieses Böse hat das menschliche Dasein verdorben und die Welt in Frage gestellt. Hier setzt eine neue Entscheidung ein: Gott hätte die Welt der Konsequenz ihres eigenen Tuns überlassen können, hat es aber nicht getan. Er hat nicht gewollt, daß sie in ihrer eigenen Tat eingeschlossen bleibe und darin verloren sei, sondern hat einen neuen Anfang gesetzt, aus dem heraus das geschehene Böse überwunden und aufgearbeitet würde: Er hat die Welt erlöst.

Wiederum eine Tat der Freiheit Gottes, die mit seiner absoluten Wesenhaftigkeit zusammenzudenken nicht möglich ist. Warum hat er die Erlösung gewollt? Darauf gibt es nächste Antworten: Weil er gütig ist; weil er nicht Unheil, sondern Heil will; weil er reich ist und sich das große Schenken gestatten darf usf. Diese Antworten sind aber nur vorläufiger Art. Einmal könnte erwidert werden: Wer vermag zu sagen, was Güte und Großmut bedeuten, wenn sie in den Lebensraum des absoluten Gottes kommen? Dann aber: Warum ist Gott gütig und nicht vielmehr nur gerecht? Warum schenkend und nicht nur wahrheitsstreng? Jede Antwort auf diese Fragen stammt aus einer Wertlehre des absoluten Wesens, die mit den verschiedenen Werterlebnissen schwankt, zumal wenn man dabei nicht nur individuelle, sondern auch volkliche und geschichtliche Unterschiede berücksichtigt. So lautet die eigentliche Antwort doch wieder: Er hat die Erlösung gewollt, weil er sie gewollt hat.

Das Problem verdichtet sich noch weiter, wenn wir sehen, wie die Erlösung im Neuen Testament mit der Liebe Gottes verbunden, und in welcher Weise diese Liebe definiert wird: Nicht als Wohlwollen eines olympisch enthobenen absoluten Wesens gegen seine Geschöpfe; nicht als Freigebigkeit, die aus überfließender Fülle spendet, sondern als wirkliche Liebe.
Was heißt aber wirkliche Liebe? Wir müssen auf eigene Erfahrungen zurückgehen. Zunächst ist mein Selbst in sich eingeschlossen. Ihm steht »der Andere« gegenüber, der nicht »ich« ist, sondern eben »er«. Ich kann auf ihn Rücksicht nehmen; kann ihn bedauern, wenn er leidet; kann ihm behilflich sein, wenn er in Not ist – im tiefsten bin ich doch immer durch die existentielle Ausschließung geschützt: es trifft ihn, nicht mich. Sobald ich aber liebe; und nicht nur im Sinne eines Begehrens oder einer bloßen Sympathie, sondern personal; das heißt, daß er mein »Du« und dieses Du mir wichtig wird, nicht nur um meinet-, sondern auch, und zuerst, um seinetwillen – in diesem Augenblick fällt die schützende Mauer: Was ihn trifft, trifft mich. Das ist die innerste Einlaßstelle für das Schicksal ... Und nun sagt die Offenbarung, etwas Entsprechendes geschehe in Gott. Er liebe den Menschen, wirklich und mit personalem Ernst. Er habe ihn

sich zum Du gesetzt, so daß, was ihn trifft, in einer nicht ausdenkbaren Weise Gott selbst nahekommt.

Wie es möglich sei, daß der absolute Gott sich den endlichen Menschen zum Du setzt, ist von der Welt her nicht zu begründen. Ebensowenig aber – nein, um ein Entscheidendes weniger – von Gottes Absolutheit her. Philosophisch gesehen ist es einfach Un-Sinn; eine Steigerung jenes »Nicht-Sinns«, von dem oben die Rede war. Ebendamit aber auch jener eigentliche Über-Sinn, um den es in der Offenbarung geht.

Damit wird deutlich, was Erlösung eigentlich meint: daß nämlich Gott das Böse, das sein Geschöpf getan hat, überwindet, indem er, was dieses betrifft, als ihn selbst betreffend annimmt und so in dessen Schicksal eintritt.

Den Ausdruck davon bildet seine Menschwerdung. Diese besagt: Gott ist Mensch geworden, wirklich und redlich. Seitdem gibt es in der Geschichte eine Gestalt, die menschlich, wie jeder von uns, zugleich aber Gott ist. Wenn sie sagt »Ich«, ist es Gott, der »Ich« sagt. Was sie trifft, trifft Gott. Was sie tut, tut Gott. Das ist Jesus Christus. Von dem her, was er ist, und was aus seinem Sein folgt, hat der christliche Glaube Namen und Wesen.

Wie kann es aber sein, daß da ein Wesen steht, welches in alle Begrenztheiten der Kontingenz eingeschlossen und doch Gott ist? Hier erreicht die Gefahr des Ärgernisses aus der Angrenzung von Absolut und Bedingt ihre höchste Dringlichkeit, und Jesus selbst hat das gewußt. Wie die Boten des Täufers zu ihm kommen und fragen: »Bist du es, der da kommen soll, oder sollen wir auf einen Anderen warten?« – antwortet er mit der Weissagung des Propheten Isaias, die sich in ihm erfüllt hat; dann aber fügt er hinzu: »Selig ist, wer an mir kein Ärgernis nimmt« (Mt 11,6). Die Möglichkeit, daß der Mensch, wie er ist, an ihm Anstoß nehme, gehört zum Wesen des Gottmenschen. Vor ihm gibt es ein bloßes Konstatieren und Urteilen nicht. Die gibt es nur, solange der Denkende in historischen, psychologischen, philosophischen Fragen steckenbleibt. Sobald er ans Wesentliche kommt, eben an ihn, lautet die Entscheidung nicht: Anerkennung oder Ablehnung, sondern: Glaube oder religiöse Empörung; personale Liebe oder ebensolcher Haß.

Dann geht es um das Innerste: zu erkennen, daß »die Torheit« und »das Ärgernis« Christi (1 Kor 1,23) nicht Un-Sinn, sondern letzter Über-Sinn; nicht Zerstörung, sondern Kundwerdung letzter heil-gebender Möglichkeit sind. Und es gibt ein Buch eines großen Philosophen und Theologen zugleich, scharfen Theoretikers und wirklich Gläubigen, welches die erlösende »Unmöglichkeit« in einer bis auf den Grund gehenden Weise[7] erörtert: Sören Kierkegaards *Philosophische Brocken*, mit ihrer zwanzigmal umfangreicheren *Abschließenden unphilosophischen Nachschrift*. Danach besteht das Wesen des Christentums darin, diese Aporie in ihrer ganzen Härte anzunehmen und auszutragen.

Den genannten theologischen Problemen ließen sich noch weitere anfügen: die Idee der Gnade, nach welcher der absolute Gott im Menschen wirkt; indem aber er es ist, der wirkt, der Mensch erst zu seinem eigentlichen Wirken gelangt; sein Tun ihm, und in seinem Tun er selber sich selbst gehört – ein Verhältnis, dessen den höchsten Sinn enthaltende Paradoxie sich in dem Pauluswort ausdrückt: »Ich lebe, aber nicht mehr ich, sondern Christus lebt in mir«; »aber«, könnte mit Fug fortgefahren werden: »ebendamit lebe ganz und eigentlich ich selbst« (Gal 2,20) . . . Oder die Idee der Kirche, nach der da eine geschichtliche Wirklichkeit ist, in Raum und Zeit und alle Bestimmtheiten eingefügt, auch allen Fragwürdigkeiten geschichtlichen Daseins ausgesetzt, und doch, »wer sie hört, Christus« und damit Gott hört, und »wer sie verachtet, Christus verachtet« (Lk 10,16) . . . Bis zur Botschaft von den »letzten Dingen«, wonach einst die Menschen und die Welt aus dem Tod auferstehen, verwandelt und zu ewigem, das heißt aber, an Gott teilhabendem Dasein aufgenommen werden sollen.

Das Gesagte mag aber genügen. Aus ihm ersehen Sie, wie ernst das Christentum die Welt, den Menschen, das Leben, mit einem Wort, die endliche Existenz nimmt. Es gibt kein Haarbreit von der Schöpfung auf – freilich aber auch kein Haarbreit von der Majestät Gottes. Es macht letzten Ernst mit Gottes Absolutheit,

7 Genauer gesagt, in einer extremistischen oder, um seinen eigenen Terminus zu brauchen, »katastrophischen« Weise.

hält aber die ganze Wirklichkeit und den ganzen Wert der Schöpfung aufrecht.

Das geschieht sonst nirgendwo. Überall wird das Problem verschleiert und seine Spannung ausgeglichen: idealistisch über das Eigentliche weggetäuscht, existentialistisch das Endliche aufgebläht, revolutionär Gott für »tot« erklärt, und wie immer sonst. Überall wird vor der Härte jenes Verhältnisses, von dem wir hier reden, ausgewichen.

Diesem Verhältnis denkend standzuhalten; ihm nicht von anderswoher stammende und handlichere Kategorien unterzulegen, sondern sich Begriffe und Denkformen von ihm selbst geben zu lassen, das ist Theologie.

VI

Erlauben Sie mir, zum Abschluß auf ein dichterisches Zeugnis für das Gesagte hinzuweisen.

Wohl die mächtigste Darstellung, die das christliche Daseinsverständnis gefunden hat, ist die »Göttliche Komödie«. Sie schildert, wie Dante in einem Augenblick ratloser Verlorenheit durch einen Ruf berührt wird, der ihm Heil verheißt. Durch Gestalten geleitet, in denen dieser Ruf sich gleichsam verdichtet, findet er den Weg zu Gott, zu sich selbst und zum Menschen seiner Liebe, zu Beatrice, zurück. Der Weg führt aber durch die weiteste Entfernung, nämlich durch das All. Er steigt in die Welt der Verlorenheit, die Hölle, hinab; er erklimmt den im unzugänglichen Meer ragenden Berg der Erläuterung; wird durch die nach dem ptolemäischen Weltbild vorgestellten Räume des Himmels hin entrückt. Auf diesem Wege blickt er auf das Begegnende nicht wie ein interessierter Wanderer, sondern er »kontempliert«, das heißt, er lebt mit, was er schaut. Dadurch läutert er sich und gelangt zu immer größerer Klarheit, bis er schließlich die letzte Einsicht in den Sinn des Daseins gewinnt: der Anblick Gottes wird ihm gewährt. Er sieht Gottes Wesen; darin zugleich Wesen und Sinn aller Geschöpfe. Er sieht Gott in der Unendlichkeit und Einheit seines Lebens; zugleich aber in jenem Geheimnis, welches besagt, daß er der Dreieinige ist und als Vater und

Sohn in der Einheit des Heiligen Geistes lebt. Diese letzte Wirklichkeit schaut er in einem Gleichnis: Drei Lichtkreise, von gleichem Umfang und gleicher Herrlichkeit, aber verschiedener Farbe schwingen ineinander.

Nun scheint alles erfüllt, aber Dante weiß, daß die Vision ihr Letztes noch nicht hergegeben hat. Auf einmal zeigt sich im zweiten Kreise, der den Sohn, den Logos bedeutet, das Antlitz Jesu, und bringt ihn vor das Geheimnis der Menschwerdung. Er sucht es zu durchdringen, ist aber dazu nicht imstande. Worum er ringt, drückt sich in der Frage aus: »Ich wollte sehn, wie sich das Antlitz mit dem Kreis verbinde und wie's sich in ihn füge«, das heißt: wie Gott und Menschenwesen in der Einheit der gleichen Existenz stehen könnten. In bildlicher Form also das Problem, das uns beschäftigt. Sein Geist ringt mit dem Unbegreiflichen, und drückt dessen Dichte mit einem mathematischen Gleichnis aus. Es heißt da: »So wie der Geometer ist, der alle Kräfte einsetzt, um den Kreis zu messen, jedoch mit seinem Denken das Prinzip nicht findet, des er bedarf – solch einer war ich...«[8] Dann aber fährt er fort: »Die eigne Kraft versagte hier. Allein mein Geist wurde durch einen Blitz getroffen, in welchem sein Verlangen die Erfüllung fand« (Par 33,133.141). Nun hat er zwar nicht intellektuell begriffen, denn das wäre nicht möglich. Nicht mit seiner Herzenskraft bewältigt, das vermöchte er ebensowenig. Aber er hat im Lichte Gottes geschaut.
Auf diesen Augenblick ist die ganze Dichtung hin gebaut. Mit ihm kommt alles zum Ende. Der Wanderer wird aus der ungeheuren Spannung entlassen und steht im Einklang mit aller Welt: »Schon lenkte meinen Wunsch und Willen jene Liebe, welche die Sonne und die anderen Gestirne kreisen macht« (Paradiso 33,133–145). Jede Frage des Daseins hat also ihre maßgebliche Antwort gefunden. Aber wodurch? Worin liegt die Lösung aller Probleme, die Weisung für alles Verhalten? In der Erkenntnis des Gottmenschentums Christi. Sie ist auch die Antwort auf die Frage nach dem Verhältnis des unendlichen Gottes zur endli-

8 Es handelt sich um die Quadratur des Kreises; und das »Prinzip«, dessen es zur Lösung des Problems bedarf, ist das genaue Verhältnis zwischen Durchmesser und Umfang.

chen Schöpfung: Er steht zu ihr so – richtiger gesagt: er hat sie so zu sich gestellt, daß er in ihr Mensch werden konnte und in Ewigkeit Mensch bleibt.

Den bloß-göttlichen Gott gibt es nach der Menschwerdung »nicht mehr«[9]. Den es gibt, ist der Mensch-Gewordene. Damit verschärft sich die Dringlichkeit des »Ärgernisses der Philosophie« zum Äußersten. Wer das, was da gesagt wird und was im Glaubensbekenntnis mit den Worten ausgedrückt ist: »aufgefahren in den Himmel, sitzet Er zur Rechten Gottes«, ernst nimmt; nicht nur als Symbol, sondern als Wirklichkeit; nicht nur als frommes Gefühl, sondern als klare und genaue Aussage – der gelangt vor die letzte Entscheidung.

Christ sein, heißt, hier Ja zu sagen.

9 Auch dieses »nicht mehr« offenbart die Aporie der Angrenzung des Endlichen ans Unendliche, hier hinsichtlich der Zeit bzw. der Geschichte. Der Ausdruck ist an sich unsinnig; er kann aber nicht, oder doch nur durch eine längere Ausführung vermieden werden.

Die religiöse Sprache[*]

Vorbemerkung

In einem einzelnen Vortrag einfachhin über »die religiöse Sprache« zu reden, ist nicht möglich, weil der Gegenstand die ver-
fügbare Zeit um ein Vielfaches überschreiten würde; so muß ich
ihn einschränken.
Zunächst soll ausgemacht sein, daß der Begriff des Religiösen
hier in dem allgemeinen Sinn verstanden wird, den die Religionswissenschaft meint. Von der biblischen Offenbarung als
solcher und ihrer Sprache werden wir mithin nicht zu handeln
haben. Aus dem immer noch sehr umfassenden Phänomen, das
der so verstandene Begriff der religiösen Sprache bezeichnet, soll
aber noch ein besonderes herausgelöst werden, nämlich das der
religiösen Aussage. Es wird also zum Beispiel nicht von der Weise die Rede sein, wie der öffentliche Kult oder das persönliche
Gebet sprechen, sondern es wird gefragt werden, wie die Aussage gebaut sei, die dem Hörenden religiöse Inhalte mitteilt –
so mitteilt, daß er sie verstehen kann.
Der Gegenstand scheint auf diese Weise in sehr enge Grenzen
eingeschränkt zu sein. Dafür handelt es sich aber um ein Kern-
problem des religiösen Lebens – sowohl hinsichtlich seiner selbst
wie seines Verhältnisses zum Ganzen des Daseins.

Was die Aufgabe des Vortrags weiter erschwert, ist Folgendes.
Wenn ich vor Ihnen, meine Damen und Herren, über diese Dinge spreche, dann weiß ich nicht, wie weit das Gesagte eine Vertrautheit mit dem Religiösen antrifft. Nun muß, wer in verständ-
licher Weise über Musik reden will, beim Hörenden musikalische

[*] Zuerst erschienen in: Sprache–Dichtung–Deutung, Würzburg 1962. Mit
freundlicher Genehmigung des Werkbund-Verlags.

Erfahrungen voraussetzen. Das bedeutet keinen Subjektivismus, sondern die erkenntnistheoretische Grundtatsache, daß erkannt und also auch mitgeteilt nur werden kann, was vom Redenden wie vom Hörenden gesehen, gehört, gefaßt – mit einem Wort, erfahren ist, sonst stehen Worte und Sätze im Leeren. Entsprechendes gilt auch in unserem Fall.

Dieser Vortrag soll über eine bestimmte Wirklichkeit unseres Daseins etwas Bestimmtes sagen. Das ist nur möglich, wenn und soweit die Erfahrung des Hörers – sei es direkt, sei es indirekt – mit dieser Wirklichkeit in Fühlung steht. So ist das Folgende bis zu einem gewissen Punkt ins Unbestimmte gesagt.

Religiöses Sprechen

Zunächst: Es gibt ein echtes und ein unechtes religiöses Sprechen. Echt ist es, wenn der Redende von eigener Erfahrung her spricht – oder doch so, daß er die eines Anderen Anteil nehmend mitvollzieht. Unecht ist es, wenn der Redende religiöse Wörter zu gesellschaftlichen, ästhetischen, politischen Zwecken handhabt; wenn er mit ihnen scheinreligiöse Empfindungen ausdrückt beziehungsweise weckt ... Nun gibt es ein legitimes Sprechen, das nicht primäre Erfahrungen ausdrückt, sondern der Untersuchung solcher Erfahrung und ihrer Inhalte dient, nämlich das wissenschaftliche. Doch gilt auch von ihm, daß es, um echt zu sein, Erfahrung voraussetzt. Ein Teil des religionswissenschaftlichen Sprechens ist denn auch, trotz aller Fachkenntnis, im Grunde unecht, weil ihm diese Voraussetzung fehlt. Daher wird es immer geneigt sein, das Religiöse in Anderes – Ideologisches, Psychologisches, Soziologisches – aufzulösen.

Dann: zum Wesen alles Sprechens gehört, daß es auf das Schweigen bezogen ist. Erst beide Verhaltensweisen zusammen bilden das volle Phänomen. Sie bestimmen einander wechselseitig, denn wirklich sprechen kann nur, wer schweigen kann – ebenso wie wirkliches Schweigen nur dem möglich ist, der zu reden vermag. Das echte Schweigen bedeutet nicht das bloße Negativum, daß nicht gesprochen werde, sondern ein lebendiges Verhalten; eine in sich schwingende Bewegtheit des inneren Lebens, in welcher dieses seiner selbst mächtig wird. Erst aus dieser bewegten Ruhe kommt dem Wort jene stille Kraft, die es voll macht. Darüber hinaus ist das Schweigen ein Offenwerden vor der Sinngestalt, die sich dem inneren Blick darbietet. Erst in solchem Offensein wird deren Bedeutungsmacht erfahren, und erst aus solcher Erfahrung gewinnt das Wort seine ganze Ausdrucksenergie.

Ohne den Zusammenhang mit dem Schweigen wird das Wort zum Gerede; ohne den mit dem Wort wird aus dem Schweigen Stummheit. Sie bilden zusammen ein Ganzes, und es ist eine nachdenklich machende Tatsache, daß es für dieses Ganze keinen Begriff gibt. In ihm existiert der Mensch.

Das gilt in besonderem Maß vom religiösen Wort, denn das Schweigen bildet – wenn wir von außergewöhnlichen Phänomen absehen – die erste Voraussetzung für jedes religiöse Erfahren. Ein solches kommt nicht zu Stande, wenn die Zuwendung zum Inneren fehlt – wobei der Begriff des »Inneren« sich nicht nur auf das Psychologische im Unterschied zum Dinglichen, sondern auch auf jenes bezieht, das sich durch alle Gegebenheiten der empirischen Welt hindurch bezeugt: auf die Innerlichkeit des Seins. Die Zuwendung zu diesem Inneren ist aber nur im Schweigen möglich – ebenso wie nur im Schweigen der Mensch sich der Intention zu stellen vermag, mit der das Religiöse sich an ihn wendet.

Daß im Gerede und Gedröhn unserer Zeit das Schweigen sich verliert, bildet eine der Ursachen, warum die religiöse Erfahrung verblaßt und, ebendamit, das religiöse Sprechen an Echtheit und Inhalt verliert. Man hört es ihm an, wenn es, statt aus dem Schweigen und dem inneren Gegenüber, Worte aus Worten hervorbringt.

Religiöse Erfahrung

Damit die Fragestellung dieses Vortrags klar sei, muß – möglichst kurz – gesagt werden, was er unter dem Religiösen versteht.

Die Arbeiten des Marburger Religionswissenschafters Rudolf

Otto haben uns in den Stand gesetzt, genauer von ihm zu sprechen. Während es früher in der Regel auf anderes – den Akt der Erkenntnis, oder die ästhetische Ergriffenheit, oder den Welt-Eros – zurückgeführt wurde, hat er es als ein menschliches Grundphänomen deutlich gemacht, das sich nur durch sich selbst bestimmt. Gegen manche von Ottos Thesen ist Erhebliches einzuwenden; ich halte mich an das, was er wirklich am Phänomen abgelesen hat.

In der religiösen Erfahrung kommt etwas zum Bewußtsein, das zwar an Weltdingen und Lebensvorgängen zur Gegebenheit gelangt, sich aber sofort als etwas charakterisiert, das anders ist als diese. Und das nicht nur so, wie eine Realität der empirischen Welt sich von einer zweiten unterscheidet – etwa eine Pflanze von einem Kristall –, sondern anders gegenüber der Welthaftigkeit als solcher. Das zeigt sich sofort darin, daß der Erfahrende eine eigentümliche Verlegenheit empfindet, wie er das Aufgefaßte ausdrücken könne.

Doch handelt es sich um ein echtes Zur-Gegebenheit-Kommen von Etwas; jetzt, und hier, und in dieser besonderen Weise. Ein Berührtwerden vollzieht sich, ein Innewerden und Erkennen, ein Erfaßt- und Beteiligtsein. Das in Rede Stehende ist durch eine Grundeigenschaft bestimmt, für welche Otto die Bezeichnung des »Heiligen« vorschlägt, das Wort nicht in einem ethischen, sondern einem spezifisch-religiösen Sinne verstanden; oder des »Numinosen«, das Wort vom lateinischen *numen*, Gottheit, abgeleitet, also des »Gottheitlichen«[1].

Die von Martin Buber herausgegebenen chassidischen Erzählungen enthalten eine Szene, welche diese Charakterisierung ganz deutlich macht. Da fragt ein Meister seinen Schüler: »Mosche, was ist das, ›Gott‹?« Der Schüler schweigt, schweigt auch auf die Wiederholung und ebenso auf die nochmalige Wiederholung der Frage. Da sagt der Meister: »Warum schweigst du?« »Weil ich es nicht weiß.« »Weiß ich's denn?« erwidert der Meister. »Aber ich muß sagen; denn so ist es, daß ich es sagen muß: Er ist deutlich da, und außer ihm ist nichts deutlich da, und das ist er[2]«. Die Antwort drückt das Versagen jedes Versuches aus,

2 Die Erzählungen der Chassidim, 1949, S. 417.
1 *R. Otto*, Das Heilige[21-22], 1932, S. 5 ff.

das Gemeinte unmittelbar von der Welt her zu bezeichnen – zugleich aber auch die Eindeutigkeit, mit welcher es sich durch sich selbst bezeugt und bestimmt.

Die echte religiöse Erfahrung ist also nicht verschwommen, sondern durchaus bestimmt – derart, daß sie, etwa wiederkehrend, sofort und schon in ihrer leisesten Andeutung wiedererkannt wird. Ihr Inhalt ist aber mit Vorstellungen und Begriffen, die aus der Erfahrung der Weltdinge stammen, nicht geradehin auszudrücken.

Rudolf Otto bezeichnet das Numinose als das der Welt gegenüber »Ganz-Andere«[2a] – ein Begriff, der eine lange Geschichte hat. Danach wäre sein Verhältnis zu den Gehalten der Welterfahrung das der vollkommenen Unbeziehbarkeit. Das trifft aber nicht zu. Otto hat hier nicht rein vom Phänomen, sondern von bestimmten Vorentscheidungen her gedacht. Wäre das Numinose wirklich ganz anders als das Welthafte, dann könnte es überhaupt nicht zur Gegebenheit gelangen. Schon das Urteil: »es ist anders als alle Weltgehalte«, setzt voraus, daß eine Empfänglichkeit für seine Erfahrung und eine Vergleichsebene für das Urteil über diese gegeben sei.

Das aber heißt: Das Numinose steht zum Welthaften in einem Doppelverhältnis. Es unterscheidet sich von ihm als anders; bezieht sich aber doch wiederum auf es als verwandt. Es hebt sich von ihm ab als »Nicht-Welt«, so daß von dem, was »Welt« heißt, kein unmittelbarer Fortgang zu ihm führt, vielmehr eine Kluft dazwischen liegt – anderseits gibt die echte religiöse Erfahrung das Bewußtsein, daß im Numinosen der letzte Grund des Welthaften liegt, und erst von ihm her jener endgültige Sinn kommt, den die Idee des »Heils« meint. Daß das Verhältnis so liegt, drückt sich in einem Begriff aus, den die religiöse Sprache mit allem verbindet, was zu ihm gehört, nämlich dem des »Geheimnisses«. Der Begriff meint etwas anderes als »Rätsel« oder »Problem«. Dieses bedeutet die Tatsache, daß ein Sach- oder Sinnverhalt noch nicht durchschaut ist, welche Tatsache schwindet, sobald die Arbeit des Verstandes das Ihre tut. Das »Geheimnis« hingegen verschwindet nie, es sei denn durch eine Abnah-

2a Siehe *Rudolf Otto*, a. a. O., S. 31 ff.

me der lebendigen Erfahrung. Das Problem ist dafür da, daß der Verstand es auflöse; das Geheimnis dafür, daß das religiöse Selbst in ihm atme.

Daher umfaßt die volle Erfahrung beide Momente: daß jedes Weltelement sich erst im Numinosen vollendet, aber auch durch dieses ins Geheimnis gehoben; daß das Numinose sich in jedem Weltelement ausdrücken kann, aber auch durch es verhüllt wird.

Diese Erfahrung wäre nun genauer zu beschreiben. Etwa wäre darzustellen, wie das Numinose in der Betrachtung des nächtlichen Sternhimmels zur Gegebenheit gelangen kann; oder in der Einsamkeit einer durchsonnten Waldlichtung zur Mittagsstunde; oder in einer Lebensfügung, die aus einer ausweglosen Situation befreit; oder in einer sittlichen Entscheidung, die das weitere Leben bestimmt; oder in einem Menschenantlitz, dessen Ausdruck eine Vergewisserung gibt, die anders ist als die einer nur irdischen Zuverlässigkeit; oder auch einfachhin, sozusagen im Raum selbst und als solchem: »es ist da« ... oder an der Zeit als solcher: »jetzt mahnt es« ...

Jedenfalls wird der Erfahrende inne, daß die religiöse Wirklichkeit ihn angeht; vielleicht so nahe, daß er weiß, etwas in ihm hat auf sie gewartet. Sie hat Sinn; sogar entscheidenden Sinn. Besonders im Augenblick der Erfahrung selbst wird deutlich, daß von ihr einfachhin alles, nämlich »das Heil« abhängt. Das kann kurz aufleuchten, um bald ins Unfaßbare zu entschwinden; kann aber auch so nachdrücklich und bleibend werden, daß es das fernere Leben ändert[3].

Die religiöse Erfahrung bildet eine Grundmöglichkeit des Menschen. Diese scheint irgendwie bei jedem gegeben zu sein. Manchmal in einer Intensität, die das ganze Leben beherrscht; dann abnehmend bis zu einem verschwindenden Maß. Zuweilen in ursprünglicher, ja schöpferischer Form, so daß von religiöser Genialität gesprochen werden kann; meistens so, daß sie eine Fähigkeit zum Nachvollzug fremder Erfahrung bildet. Ob sie

---

3 Es sei noch einmal daran erinnert, daß alle Begriffe im allgemein-religiösen Sinne verstanden, daher, im Maßstab der biblischen Offenbarung gemessen, vieldeutig bzw. fragwürdig sind.

ganz fehlen könne, und ebenso, ob methodische Zerstörung im Stande sei, sie zum Verschwinden zu bringen, muß dahingestellt bleiben.

Die religiöse Aussage

Die religiöse Aussage ist nun jene, welche diese Erfahrung bzw. ihren Inhalt zum Ausdruck bringt und vom Hörenden als solche verstanden wird. Wie kann das aber geschehen, wenn, dem Gesagten zufolge, das Gemeinte anders ist als alles Welthaft-Erfahrbare, die verwendeten Wörter hingegen notgedrungen aus dem Material der Welt stammen, da wir ja doch über andere nicht verfügen?

Zunächst scheint dem Redenden weiter nichts möglich zu sein, als an die Erfahrung des Hörenden zu appellieren; ihn aufmerksam zu machen, in der Erwartung, daß auch bei ihm das Numinose sich bekunde und dadurch eine Gemeinsamkeit entstehe[4].

Die Sprache vermag aber mehr und leistet auch tatsächlich mehr, zu allen Zeiten und in allen Kulturen. Sie kann Welt-Inhalte in einer Weise gebrauchen, daß diese, nicht direkt und einfachhin, sondern auf indirektem, dialektischem Wege aussagefähig werden. Das Numinose ist nicht ganz, sondern nur relativ anders als das Welthafte. Es sagt zu diesem Nein und Ja zugleich – das gleiche Verhältnis wiederholt sich in der Struktur der religiösen Aussage selbst.

Das Religiöse hat die Möglichkeit, sich im Welthaften auszudrücken, zugleich aber sich von ihm zu unterscheiden; es zu vertiefen, sofort aber auch zu beunruhigen; es zu einer letzten Sinnfülle zu bringen, ebendamit aber in Frage zu stellen. So wird die religiöse Aussage in besonderer Weise verfahren. Sie wird dem Hörenden zuerst etwas Welthaftes, unmittelbar Bekanntes zeigen; ihn aber darauf aufmerksam machen, daß sie dieses Welthafte als Ausdruck eines Nicht-Welthaft-Anderen, Eigentlichen meint, und ihn veranlassen, daß er es auf dieses hin überschreite. Freilich setzt sie dabei voraus, daß der Hörende seinerseits reli-

4 So meint Otto, a. a. O., S. 7.

giöse Erfahrung besitze – wenigstens an der von Anderen mit-
vollziehend Anteil habe – und von daher den Sinn dieser Über-
schreitung verstehe.

Ich versuche nunmehr, einige Formen dieser Aussage zu beschreiben.

Die Aussage durch einfache Bilder

Die einfachste ist die bildliche. Sie überträgt einen Inhalt der
unmittelbaren Erfahrung auf das betreffende Numinosum. Sofort entsteht beim verständnisfähigen Hörer das Bewußtsein eines Unterschieds. Dieses bewirkt, daß das Ausgesagte in einen
Zustand der Schwebe zwischen Richtigkeit und Nicht-Richtig-
keit, sagen wir, einer »zutreffenden Uneigentlichkeit« gehoben
wird. Dadurch wird der Hörende aufmerksam und vermag –
aus einem Mindestmaß eigenen Erfahrens heraus – das Gemeinte zu verstehen.

So begegnen wir – etwa bei Plotin und in der neuplatonischen
Tradition – dem Bild der Quelle[5]. Dabei ist natürlich vorausgesetzt, daß der Hörende von dieser eine lebendige Vorstellung
habe: ihm also die Frische des Unberührt-Neuen, das Herauf-
kommen aus der Tiefe, das Bestehen im Strömen und Sich-Ge-
ben in Geist und Gefühl stehe. Dieser Erfahrungsinhalt wird
übertragen und gesagt: das Göttliche ist Quelle – ja »die«
Quelle überhaupt, aus der alles kommt.

Natürlich nicht im unmittelbaren Sinn. Wenn der Hörende aber
in irgendeiner Weise der Fülle des Religiösen inne geworden ist,
welche den existentiellen Durst stillt, dann veranlaßt ihn das
Bild zum schauend-fühlenden Überschritt in das Gemeinte, und
er versteht: das Göttliche hat Eigenschaften, die im Geheimnis
des Religiösen jenen entsprechen, die in der Vertrautheit des
Empirischen der Quelle eignen.

Das platonische und nachher, durch johanneische Begriffe näher
bestimmt und vertieft, das augustinische Denken kennt das Bild

---

5 Vgl. Plotins Schriften, hrsg. v. *R. Harder*, I, MCMLVI, Nr. 9. Das Gute
(Das Eine), S. 187.

des Lichtes[6]. Wir erinnern uns an die Stufung des Lichtphäno-
mens im unmittelbaren Sinne: das physische Licht, das die Dinge
sichtbar macht; das seelische, das – etwa im Affekt der Freude
– Herz und Antlitz erhellt; das spirituelle, wie es bei der Rea-
lisation der Wahrheit durch die Erkenntnis erlebt wird usf. Und
nun sagt das Bild:
Das Göttliche ist Licht. Ihm eignet im religiösen Bereich das, was
im irdischen dem Licht eignet. Es ist nicht nur und kann gesehen
werden, sondern macht, daß überhaupt gesehen werden kann. In
ihm zeigt sich das Wesen. In ihm wird das Seiende als Wahrheit
»offen«; Wert und Sinn kommt zu Bewußtsein usf. Wieder appelliert die Aussage an die religiöse Erfahrung: daß Redender
wie Hörender wissen, wie das ist, wenn das *lumen spirituale* die
Verfinsterungen des Inneren durchklärt. Dadurch geleitet, gewinnt sie für den Hörenden den Charakter der »zutreffenden
Uneigentlichkeit« und trägt das Innerweltliche ins Numinose
hinüber.

Die Aussage durch Bildgefüge

Wir haben über die Aussage durch ein Bild gesprochen. Die Wei-
se, wie das einzelne Bild aussagt, wird reicher und bewegter im
Bildgefüge.
Ein solches Gefüge ist das von »Weg« und »Wüste«. Das mittel-
alterliche Dreifaltigkeitslied[7] – dem engsten Kreis um Meister
Eckhart zugehörig – enthält folgende Sätze:

> »Der wec dich treit [trägt]
>   in eine wüste wundirlich [wunderbar], . . .«

und wieder:

> »Genk ane wec
>   den smalen stec: . . .«

Sie sehen die beiden Bilder: Einmal das des Weges; der Vielheit
von Orten also, durch die hin sich eine Bewegung vollzieht;

6 Z. B. Confessiones 7, 10, 16.
7 Oder: *Granum sinapis.* Deutsche Geistliche Dichtung aus tausend Jahren,
hrsg. v. *Friedhelm Kemp*, 1958, S. 53 ff.

sinnvoll vollzieht, das heißt, von einem Erst-Ort ausgeht, Richtung nimmt und durch Zwischenorte hindurch auf einen End-Ort zugeht. Damit wird gesagt: Das Göttliche führt einen Weg; es veranlaßt den Beginn, die Richtung und das Anlangen jener existentiellen Bewegung, die im religiösen Akt liegt.

Das andere Bild geht von dem aus, was das Gegenteil von »Weg« bedeutet. Es sagt: Die Beziehung zum Göttlichen geht durch die »Wüste«, also durch das Weglose; das Numinose steht selbst jenseits aller irdischen Ordnungen des Wollens, Planens, Tuns.

Beide Momente werden schon durch den Fortgang des Gedichtes zusammengenommen. Das geschieht aber auch ausdrücklich durch den Satz: »Geh ohne Weg / den schmalen Steg.« Darin scheinen alle Begriffe einander aufzuheben: man soll den Steg gehen. Der Steg aber ist »schmal«; gemeint ist schmal einfachhin, das heißt überhaupt nicht da. Daher es denn auch heißt: der Suchende solle »ohne Weg gehen«; ohne das also, was ein Gehen überhaupt möglich macht.

Das Bild der Wüste, das heißt der Weglosigkeit, wird mit dem des Weges, das heißt, der Voraussetzung für geordnetes Gehen zusammengespannt, und das Göttliche ist Jenes, das im Mittelpunkt der Antithese steht.

Ein im Sinn ähnliches, aber mächtig entfaltetes Bildgefüge findet sich im dritten Teil von Dantes »Göttlicher Komödie«. Dort werden zwei Visionen geschildert, die aufeinander bezogen sind. Die erste, im dreißigsten Gesang, richtet sich auf den Bereich, in welchem sich alle Vorgänge des »Paradiso« zutragen, nämlich das Empyreum. Darunter versteht Dante – im Anschluß an das ptolemäische Weltbild – das, was »um« die als Kugel vorgestellte Welt liegt. Der Begriff scheint zunächst einfach: er meint den leeren Raum, der die Weltgestalt umgibt. Die mittelalterliche Philosophie setzt aber den Begriff des Leeren mit dem des Nichts gleich; so verliert die Aussage über das die Welt Umgebende den Charakter einer realen Bestimmung: sie wird unvollziehbar.

Von diesem Nicht-mehr-zu-Denkenden, das aber alles »umgibt«, sagt nämlich Dantes Führerin, Beatrice, es sei der

> »Himmel, der reines Licht ist. Geistiges Licht,
> der Liebe voll;
> Liebe zum Wahren Gut, der Freude voll; Freude, die
> alle Süße übersteigt«[8].

Damit geht die kosmische Vorstellung ins Seelisch-Geistige über und meint dort die Fülle der Werte und wertverwirklichenden Akte. Doch wandelt sie sich weiter; denn die gleiche Beatrice hat vorher – 27, 109 – gesagt: Das Empyreum ist *il dove*, das »Wo«, der Ort der Welt. Dieses »Wo« aber ist »nichts anderes« als *la mente divina*, das Bewußtsein, die Innerlichkeit Gottes. »Sein Licht und seine Liebe umfassen als wie ein Kreis« die Welt.

Ein außerordentlich dichter Aussagenkomplex also, in welchem jedes Element über das andere hinaustreibt. Die erste Vorstellung physischer Umfassung wird durch das Element des Nichts ins Unvorstellbare gehoben und geht ins Seelisch-Geistige über; überschreitet aber dann auch dieses ins Pneumatisch-Absolute. Die ganze Vorstellung, richtiger gesagt Vorstellungsbewegung schafft ein Bild für das Göttliche in seiner allumfassenden Größe. –

Nun hat sich unmittelbar vor dem Eintritt ins Empyreum eine andere Vision vollzogen, die der Leser – jener, den Dante voraussetzt – noch genau in Geist und Gefühl hat: es ist die Schau der für die neuplatonisch-christliche Tradition des Mittelalters so bedeutsamen Engelchöre:

> »Ich schaute einen Punkt, der also scharfes Licht ausstrahlt,
> daß sich der Blick, von ihm versengt, vor seiner großen
> Schärfe schließen muß ...
> Ich sah um jenen Punkt sich einen Feuerkreis bewegen,
> dermaßen rasch, daß er die Schnelligkeit [der Sphäre], die
> am heftigsten die Welt umeilt, bezwungen hätte.
> Und er war rings von einem anderen umgeben; und der
> vom dritten; und der dritte drauf vom vierten; und der
> viert' vom fünften ...
> Und ein jeder bewegt sich um so langsamer, je ferner er
> in seiner Zahl dem Einen« – nachher heißt es: »dem reinen Funken« – »war[9]«.

8 Par. 30, 38–42.   9 Par. 28, 16–38.

In der Vision erscheint also ein unendlich-kleiner, aber überge-waltig leuchtender Punkt, um den sich neun konzentrische, im-mer weiter in den Raum ausgreifende Ringe drehen: die Chöre der Engel, welche mit der Ewigkeitsbewegung des Kreises die göttliche Wirklichkeit umgeben.

Wir begegnen hier dem für die religiöse Symbolik so bedeutsa-men Motiv der Integration. Der Mystiker will das Ganze des für ihn Wichtigen in die kleinste, aber ebendeshalb intensivste Einheit zusammenfassen. So wird »der Punkt« Ausdruck für je-nen Aspekt des Göttlichen, welcher dem der umfassenden Allheit polar gegenübersteht: die vollkommene Integration ins Absolut-Kleine. Das genannte und der Divina Commedia gleichzeitige Dreifaltigkeitslied spricht denn auch von Gott als dem »unbe-wegt stehenden Punkt«. Wieder wird das Unmittelbare ins Nicht-Vorzustellende hinübergehoben und so religiöse Erfahrung ge-deutet.

Im Zusammenhang der Divina Commedia sind aber nun diese beiden Vorstellungen aufeinander bezogen und bilden ein Gan-zes: hier das Allumgreifende, jedes Maß ins Große Überschrei-tende – dort das unmeßbare Kleine, jedoch unendlich in sich Verdichtete. Die endgültige Aussage lautet also: Das Göttliche ist so, daß sein Bild zwischen dem allumfassenden »Empyreum« und dem ausdehnungslosen Punkt« liegt – weder rational noch anschaulich zu vollziehen, aber voll Bedeutung für den, der religiöse Erfahrung besitzt.

Die Aussage durch Verwandlung

Eine andere Art der religiösen Aussage soll die »verwandelnde« heißen. Durch sie wird etwas in der Natur Gegebenes gezeichnet. Aber nicht nur, wie in jeder Dichtung, geformt und zu erhöhter Ausdruckskraft gebracht, sondern auf etwas hingeordnet, das »hinter« den Gestalten, oder »über« ihnen, oder »innert« ihrer steht.

Ein kleines, aber überaus suggestives Beispiel findet sich in Do-stojewskijs Roman »Die Dämonen«. Das sechste Kapitel erzählt, wie der kalte Skeptiker Stawrogin mit dem tief religiösen, aber seltsamen Kirilloff spricht. Es heißt da[10]:

›Ich glaube, Sie sind sehr glücklich, Kirilloff?‹

›Ja, sehr glücklich‹, antwortete dieser, als gäbe er die allergewöhnlichste Antwort.

›Aber noch vor kurzem waren Sie doch so betrübt und ärgerten sich über Liputin.‹

›Hm! . . . Aber jetzt nicht. Damals wußte ich noch nicht, daß ich glücklich war. Haben Sie ein Blatt gesehen? Ein Blatt vom Baum?‹

›Freilich.‹

›Ich sah vor kurzem ein gelbes, etwas grün noch, an den Rändern angefault. Es kam mit dem Wind. Als ich zehn Jahre war, schloß ich im Winter die Augen und stellte mir ein Blatt vor, ein grünes, glänzendes, mit Äderchen, und die Sonne leuchtet. Ich schlug die Augen auf und glaubte nicht, denn es war so schön, und schloß sie wieder.‹

›Was soll das? Eine Allegorie?‹

›N-nein . . . warum? Keine Allegorie. Einfach ein Blatt. Nur ein Blatt. Ein Blatt ist gut. Alles ist gut.‹

›Alles?‹

›Alles. Der Mensch ist unglücklich, weil er nicht weiß, daß er glücklich ist. Nur deshalb. Das ist alles, alles! Wer es erfährt, der wird sofort glücklich sein, im selben Augenblick.‹«

Was Kirilloff von den beiden Blättern sagt, könnte auf den ersten Blick ein intensives ästhetisches Naturgefühl, oder aber eine halbpathologische Euphorie offenbaren. Bald sieht man aber, daß es sich um Anderes handelt. Die Schönheit, welche dieser religiöse Mann an den Blättern erlebt, ist von besonderer Art, nämlich der Zustand des Daseins, in welchem »alles gut« ist. Der dem russischen Christentum so wichtige Gedanke der Verklärung dringt hier durch: einst werde die ganze Schöpfung vom Pneuma erfaßt und in Heiligkeit und Schönheit verwandelt sein. Das Entzücken, das der Sehende empfindet, ist also im Vergleich zur einfachen Naturgegebenheit überwertig und macht »das Blatt« zu einem Durchblick ins Numinose.

10 Ausg. Piper, S. 339 f.

Ähnliches kann mit einer ganzen Landschaft geschehen. Nehmen wir als Beispiel die Verse 20–29 in Rilkes siebenter »Duineser Elegie«[11]. Der Zusammenhang spricht vom Übermaß der irdischen Dinge, welches das Herz überwältigt:

> »Nicht nur die Tage, die zart sind um Blumen, und oben
> um die gestalteten Bäume, stark und gewaltig,
> nicht nur die Andacht dieser entfalteten Kräfte,
> nicht nur die Wege, nicht nur die Wiesen im Abend,
> nicht nur, nach spätem Gewitter, das atmende Klarsein,
> nicht nur der nahende Schlaf und ein Ahnen, abends –
> sondern die Nächte! Sondern die hohen, des Sommers,
> Nächte, sondern die Sterne, die Sterne der Erde.
> O einst tot sein und sie wissen unendlich,
> alle die Sterne: denn wie, wie, wie sie vergessen!«

Eine genaue Analyse würde sehr weit führen; ich hebe einige Momente hervor. Da ist einmal, eindrucksvoll zu Gefühl gebracht, das Moment des Konturs. »Kontur« ist der Umriß eines Dinges; daß heißt also die Weise, wie es zum Umgebenden hin aufhört, ebendadurch aber zugleich sich selbst bestimmt. Umgekehrt gesehen ist Kontur die Weise, wie das Umgebende an ein Ding angrenzt und es dadurch bestimmt. Das geschieht hier: was umgibt, ist der »Tag«, das Licht. Der Kontur, durch den die Dinge bestimmt werden – die Blumen in »zarter«, die Bäume in »gewaltiger« Weise – bezieht sich zunächst auf die lichterfüllte Luft; die Stimmung des Ganzen läßt aber den Leser nicht dabei bleiben, sondern macht, daß er, durch den Kontur zum Nachbarn im gegenwärtigen Sein hindurch, den zum Nachbarn des Endlichen überhaupt empfindet. Der aber ist das Göttliche. So erinnert sich denn auch der Leser an die Verse aus Rilkes »Stundenbuch«[12]:

> »Du Nachbar Gott ...
> Nur eine schmale Wand ist zwischen uns ...«

---

11 Werke, hrsg. v. *Ernst Zinn*, MCMLV, I, 710.
12 A. a. O., S. 255.

Was das Gefühl in der Landschaft der Elegie meint, tritt hier offen ins Wort.

Dann ist die Rede von den überall webenden »Kräften«; einem Abstraktum, das auf nähere Definition verzichtet, ebendadurch aber eine religiöse Ur-Erfahrung, nämlich die der numinosen Dynamis zu Gefühl bringt. Von diesen Kräften wird gesagt, daß sie »Andacht« haben. Das Wort macht die »Kräfte« zu Wesen, und zwar solchen, die nicht herrscherlich, sondern ehrfürchtig walten. Alles durch ein Element menschlichen Erlebens fortgeführt, das »Ahnen am Abend«, wenn das Herz sich dem Unsagbaren entgegenhebt. Das Ganze aber wird auf den numinosen Bereich einfachhin, für Rilke den »Welt-Innenraum«, bezogen; denn die letzten Verse weisen in Form einer äußersten Verheißung auf den Zustand des Todes hin, der ja für ihn den Inbegriff der Erfüllung bedeutete.

Was geschieht also? Elemente einer Landschaft sind geschildert, so intensiv, daß sie ganz gegenwärtig werden. Zugleich wird aber durch einen Zusammenhang suggestiver Aussagen ihr Bild derart aufgelockert, daß im Licht der »Tage« das Numinose eindringt und es verwandelt – ebenso wie es seinerseits durch die »Ahnung« auf das Göttliche hin in Bewegung kommt.

Der dänische Romanschriftsteller Anker Larsen hat ein Erinnerungsbuch geschrieben, das vom Religionshistoriker Wilhelm Groenbech eingeleitet ist und den Titel trägt: »Bei offener Tür«[13]. Es berichtet von einem eigentümlichen Erlebnis des Autors, das sich langsam entwickelt und sein ganzes Leben – übrigens auch sein Romanwerk – bestimmt hat. Es heißt da:

»So kam es langsam, daß die Dinge in dieser Welt sich mir öffneten. Ich kann keinen anderen Ausdruck verwenden; denn es erscheint mir immer als eine sinnliche Wahrnehmung, daß die Dinge sich öffneten und mir ihre ganze Wirklichkeit offenbarten.« (39)

Seine Erfahrung wird im Bericht durch eine andere ergänzt, welche eine ihm bekannte Persönlichkeit macht:

»Eines Tages . . . sah sie zufällig zum Fenster hinaus; dort stand eine Buche, deren Wipfel im Abendsonnenschein schwamm. Wie nun ihr Blick auf den Baum fiel, wurde sie von einem tiefen Glück

13 Übersetzung Leipzig 1926.

darüber ergriffen, daß der Baum dort wuchs... Überwältigt kehrte sie sich nach mir um und sagte das. Als sie dann wieder nach dem Baume blickte, stand er noch da... derselbe Baum und doch ganz verschieden. Der Baum, den sie jetzt sah, war schön und erweckte ein ästhetisches Behagen. Obendrein gehörte er ihr, sie konnte mit ihm anfangen, was sie wollte... In jenem kurzen glücklichen Augenblick dagegen gehörte der Baum nicht ihr und war nicht schön oder häßlich; er war bloß ein Baum, der dastand und wuchs und sie mit Dankbarkeit erfüllte, daß sie da war – da war ohne Hintergedanken. In diesem Augenblick erhaschte sie einen Schimmer der Wirklichkeit – der eigentlichen Wirklichkeit.« (66 ff)

Also wieder eine Landschaft, die sich ins Geheimnis verwandelt – welches Geheimnis aber ganz einfach und durch sich selbst verständlich ist. Ein Element des Existenzerlebnisses, nämlich die Freude an dem, was ist, und das Glück, selbst sein zu dürfen, schreitet zur Erfahrung fort, daß im Geheimnis des Numinosen alles Seiende Gnade und dadurch erst eigentliche Wirklichkeit ist. Das Wesentliche aber der Verwandlung liegt im Moment des »Offen-Seins«. Damit ist eine Form der Selbsterfahrung gemeint, die im Gegensatz zu der des Geschlossenseins steht; wohl Urphänomene, die nur erlebt, nicht abgeleitet werden können[14]... Eine frühere Stelle des Buches hat gesagt: Der Erfahrende »befindet sich in einem inneren Zustand, in dem alle seine Erlebnisse gegenwärtig sind. Es gibt keine Entfernung; alles ist hier. Es gibt nicht Vergangenheit noch Zukunft, alles ist jetzt. Es bedarf keiner Worte, denn alles Wissen ist ›Dasein‹« (39). Das heißt: alles Aussagbare integriert sich ins einfache »Sein«.

Die Schilderung ist deswegen so interessant, weil das gleiche Phänomen mit sehr ähnlichen, zum Teil gleichen Worten in der Welt Rilkes wiederkehrt, und zwar in der kleinen Skizze, die unter dem Titel »Erlebnis« im vierten Band der gesammelten Werke von 1927 steht (281 ff). Sie ist auch literarisch wichtig, weil die ganze achte Elegie auf ihm ruht und nur von ihm her verständlich ist.

---

14 Zur Psychologie der beiden Zustände vgl. *H. C. Rümke,* Betrachtungen zum Problem: »Sich Öffnen und Sich Schließen«, Psyche, Heft 9, Dez. 58, S. 550 ff.

Wie verfährt aber die Aussage, um das Gemeinte dem Hörer mitzuteilen? Sie bemüht sich, den Zustand des Bestimmtseins durch Raum, Zeit und Dinggestalt aufzulockern. Das kann sie nicht so tun, daß sie aus diesen Bestimmtheiten herausträgt, denn letztere bilden ja die Form für die Anschauung unserer Sinne, wie für das Verfahren unseres Denkens. Aber sie rührt an ein inneres Wissen, wonach diese Formen nicht absolut gelten; an eine Ahnung, diese Geltung hänge mit etwas Vorläufigem, dem Zustand unseres irdisch-geschichtlichen Daseins zusammen, worin alles nach Ort, Zeit und Gestalt gebunden und damit getrennt ist; es müsse aber eine Integration geben, die von dorther erfolge, wo das Numinose ist. Das tut die Schilderung so, daß sie die Empfindungen beschreibt, die der Erfahrende hat. Zuerst eine Befreiung des Lebensgefühls, eine Intensivierung des Wirklichkeits- und Sinnbewußtseins – dann, umgekehrt, die Rückkehr in die irdischen Bindungen und das Mattwerden dieses Bewußtseins. Dadurch kommt die Landschaft auf einen Zustand geheimnishafter Präsenz, auf das »Offensein« hin in Bewegung. Die normale Erfahrung der auseinanderliegenden Raumbestimmungen wird in jene des reinen »Hier«, die Erfahrung der in Vergangenheit und Zukunft auseinanderliegenden Zeit in jene des reinen »Jetzt«, die Erfahrung der Verschiedenheit der Dinge in jene des reinen Inbegriffs, die Mannigfaltigkeit der existentiellen Akte in den des reinen Da-Seins integriert – welches Dasein zugleich als Sich-Inne-Sein, das heißt, als »Wissen« zu Bewußtsein kommt. Von der empirischen Logik her gesehen hat das alles keinen Sinn; doch es ist ein aussagender Nicht-Sinn, der aus dem Bereich hinaushebt, in welchem jene Logik gilt. Das freilich nur für den, der etwas von religiöser Erfahrung weiß. Besonders eindrucksvoll aber ist es, wie der ganze Zusammenhang in der Aussage gipfelt: »Ich sah den Garten und erkannte ihn mit einem Lächeln[15].« Dieses »Lächeln« offenbart vollkommene Sinnerfüllung, reine Vollendung.

15 *Larsen*, a. a. O., S. 52.

Bisher war davon die Rede, wie die Aussage den Hörenden in den religiösen Bereich – nennen wir ihn mit dem Begriff von Larsen und Rilke den Raum des »Offenen« – hinüberführt. Einen Schritt weiter tun solche Aussagen, die zu Bewußtsein bringen, in diesem Raum bezeuge sich eine numinose Realität, ein Wesen.

Unter Rilkes späten Gedichten findet sich eines, das im Februar 1922 entstanden ist und lautet[16]:

> »Welche Stille um einen Gott! Wie hörst du in ihr
> jeden Wechsel im Auffall des Brunnenstrahls
> am weilenden Wasser des Marmorovals.
> Und am Lorbeer vorüber ein Fühlen: drei oder vier
> Blätter, die ein Falter gestreift hat. An dir
> taumelt er hin, im tragenden Atem des Tals.
> Und du gedenkst eines anderen Mals,
> da sie dir schon so vollkommen schien, hier,
> diese Stille um einen Gott. Ward sie nicht mehr?
> Nimmt sie nicht zu? Nimmt sie nicht überhand?
> Drängt sie nicht fast wie ein Widerstand
> an dein tönendes Herz? Irgendwo bricht sich ein Schlag
> an einer lautlosen Pause im Tag . . .
> Dort ist Er.«

Wieder tut sich der Bereich des Offenen auf; nur heißt er hier »Stille«. Der Überschritt geht also nicht vom Raum des täglichen Daseins ins Überräumliche, sondern von dessen Lauten, Tönen, Worten ins Lautlose. Und zwar in die wesende Stille, als Bereich des Numinosen. Sie bildet die akustische Analogie zum optischen Moment der Leere; genauer gesagt, der qualifizierten Leere, wie ein Architekt des Sakralbaus, der wirklich einer ist, sie in einem kultischen Gebäude hervorzubringen weiß.

In dieser Stille bekommen die Töne eine neue, nicht nur dem Grad nach größere, sondern dem Wesen nach andersartige Hörbarkeit. Das Rauschen des Wassers, das ins Brunnenbecken fällt, und das Rascheln der Blätter, die der Falter streift, werden zu

---

16 Werke, II, S. 468 f.

geheimnishaften Lauten. Was sie auffängt, ist nicht mehr das Hören, sondern das »Fühlen« – wir werden an die Weise erinnert, wie die zehnte Elegie das Totengehör beschreibt, in welchem die optische Linie eines Vogelflugs zur akustischen Figur wird.

Von dieser Stille sagt der Erlebende, er habe sie schon früher empfunden; diesmal sei sie aber stärker geworden. Und werde wiederkommen, und noch mächtiger sein – und einmal werde etwas Ungeheures geschehen: sie werde das Herz überwältigen. »An einer lautlosen Pause im Tag«, in einem Augenblick vollkommener Stille zwischen dem täglichen Getöse, werde sein Schlag aussetzen – und nun heißt es unvermittelt, das Ganze abschließend: »Das ist Er«. Die Stille ist der »Ort«, wo sich ein numinoses Wesen bezeugt – was dieses Wesen, »ein Gott« genannt, vor dem Urteil des religiösen Gewissens auch sein möge. Die Technik der Analyse ist so schwebend und präzis zugleich, daß ihre Analyse sehr weit führen würde. Sie bringt das Moment des Hörens daraufhin in Bewegung, daß sich der Überschritt vollzieht, und nicht nur der Raum transzendenter Stille, sondern in ihm jene Gegenwart gefühlt wird.

Gehen wir von so anspruchsvoller Kunst zu einer ganz einfachen über: zu dem kurzen Gedicht von Matthias Claudius »Der Tod«[17].

> »Ach, es ist so dunkel in des Todes Kammer,
>   Tönt so traurig, wenn er sich bewegt
> Und nun aufhebt seinen schweren Hammer
>   Und die Stunde schlägt.«

Die Strophe ist ein Wunderwerk der Vergegenwärtigung. Die Schlichtheit ihrer Sprache bewirkt reinste Glaubwürdigkeit.

Die erste Zeile spricht von der »Kammer des Todes«, und schon setzt die Verwandlung ein: der Raum, in welchem der Sterbende liegt, gehört nicht mehr ihm, sondern dem Tod. Das Schicksal der Todesstunde, die den Menschen umschließt, wird selbst zum Raum.

In der Kammer ist kein Licht. Aber Licht ist Leben; so bedeutet

---

17 Werke, hrsg. v. *Urban Roedl*, o. J., S. 520.

das Dunkel nicht die Abwesenheit einer Lampe, sondern das Erlöschen der Lebensflamme. Es ist seelisches Dunkel, menschlicher Zustand. Darin kann nicht gesehen, sondern nur gehört werden: der innerlichere der beiden Lebensakte. Der Leser sieht nicht die Gestalt des Todes, sondern hört, daß er »sich bewegt«. Was kann das aber für ein Sich-Bewegen sein? Offenbar ein nur innerliches; und innerlich ist also auch zu verstehen, daß es »so traurig tönt«.

Alles ist ins Innere transponiert. Aber nicht ins Psychologisch-Innerliche, sondern das Dunkel wird zum numinosen Raum, zum »Offenen« im Rilkeschen Sinn. (Die achte Elegie sagt, daß der Sterbende das verlorene Offene wiedergewinnt: er »stirbt und ists«[18].) In diesem offen gewordenen Dunkel geschieht es, daß ein Wesen gegenwärtig wird, der Tod.

Auf einmal hört man vom »schweren Hammer«, den er aufhebt. Wieder eine Verdichtung: Der Tod ist selbst die Uhr – die Lebens-Uhr dieses Menschen, dem sie diese Stunde schlägt. »Die Stunde« einfachhin, welche seiner Lebenszeit die Grenze setzt, ebendamit aber auch, vorauswirkend, jede frühere Lebensstunde bestimmt hat. Was »schlägt«, ist ein »schwerer Hammer«; niederfallend dröhnt er. Dieses Dröhnen aber ist das existentielle »Gewicht« des Endes. Es wird nicht äußerlich vernommen, sondern bildet die letzte Intensivierung der Todesstille selbst.

Die Aussage des Gedichts ist in ihrer Naivität von unerhörter Kühnheit. Neben ihr droht das Gedicht Rilkes zu Literatur zu werden. Durch lauter Unvollziehbares wird der Überschritt ins Numinose mit einer Selbstverständlichkeit bewirkt, die dem Hörenden gar nicht zu Bewußtsein kommt.

Ähnliches geschieht in der schönsten deutschen Elegie, nämlich in Hölderlins Gedicht[19]: »Menons Klage um Diotima«. Da heißt es:

> »Festzeit hab' ich nicht, doch möcht' ich die Locke bekränzen;
> Bin ich allein denn nicht? aber ein Freundliches muß
> Fernher nahe mir sein, und lächeln muß ich und staunen,
> Wie so selig doch auch mitten im Leide mir ist.«

18 Werke, I, S. 714.
19 Werke, Stuttg. Ausg., hrsg. v. Friedrich Beissner, II, 1 S. 75.

Diotima – Susette Gontard – ist gestorben. Der Liebende ist allein; seine Einsamkeit wandelt sich aber zur numinosen Offenheit – so wie in den anderen Texten der Ort, die Stunde, die Dinggestalt, die Stille sich geöffnet haben. Im einsamen »Hier« wird eine »Ferne« fühlbar; die Ferne einfachhin, der andere Bereich, in den kein Weg führt.

Darin wird ein Wesen gegenwärtig: die im Tod hinübergegangene geliebte Frau. Sie ist »nahe«; aber so, daß die Herkunft fühlbar bleibt, nämlich »fernher«. Und sie ist freundlich nahe, tröstend, die Trennung aufhebend. Dieses Bei-Einander-Sein der vorher Getrennten – des Liebenden, der im irdischen »Hier« verlassen, und der Geliebten, die in den Tod weggenommen war – im verwandelten »Hier« löst sich im »Lächeln«. Es ist das gleiche Lächeln, das sich im Larsenschen Erlebnis einstellt, wie er sieht, daß die Trennung der Dinge aufgehoben ist. Nicht in einer Vermischung, die ihren Sinn zerstören würde, sondern in einem religiösen Zustand, der die Einheit bewirkt.

Lassen Sie mich in diesem Zusammenhang noch einen seltsamen Text anfügen. Er stammt von Paul Klee, dem Maler, und gehört zur Zeichnung eines Engelwesens[20]. Er lautet:

> »Einst werd ich liegen im Nirgend,
> bei einem Engel irgend.«

Von aller empirischen Logik her heller Unsinn; je öfter man sich aber die beiden Zeilen wiederholt, desto tiefer werden sie. Sie gewinnen fast magische Bedeutung.

Auch hier heben die verschiedenen Elemente einander wechselseitig auf. Der Dichter spricht von einem »Liegen«, also einer auf einen Ort bezogenen körperlichen Stellung. Das Wort ist aber im Vorhinein durch das »einst« des Versbeginns auf einen Zustand jenseits des Todes hin bestimmt; als Weise, wie der Redende in der Ewigkeit sein wird. Dieses erlöste Ruhen wird »im Nirgend« sein; also hat es keinen Ort; dennoch geschieht es »in« ihm. Wer also fühlend mitgeht, wird über das Orthafte hinaus ins Offene geführt.

Der Redende weiß, er wird dort nicht einsam sein, sondern »bei«

20 Im Zwischenreich, Aquarelle und Zeichnungen von Paul Klee, Verlag Du Mont Schauberg, Köln, S. 45.

einem Wesen, einem »Engel«. Bei diesem wird der Hoffende Gemeinschaft und Bergung finden. Der Engel selbst aber, schon als solcher der unirdischen Welt angehörig, wird noch einmal ins Unfaßliche versetzt, indem gesagt wird, er sei »ein Engel irgend«: irgendeiner also, oder ein Engel »irgendwie« oder »irgendwo«.

Lauter Elemente von Irdischem, aber derart gegeneinander gestellt und ins Unvollziehbare gehoben, daß darin alles unirdisch wird und sich mit einem tiefen Gefühl geheimnishafter Geborgenheit füllt.

Zusammenfassung

Wir haben unsere Überlegungen auf eine einzige Frage beschränkt, nämlich wie religiöse Erfahrung – welches ihr Inhalt und ihr Charakter auch sein mögen – ausgesagt und vom Hörenden verstanden werden könne.

Die Antwort hat gelautet: Es geschieht durch eine Struktur der Rede, die jener folgt, welche das Verhältnis des Numinosen zum Weltlhaften selbst bestimmt. Dieses ist nicht das Welthafte, sondern etwas Anderes und Eigenes; es vermag sich aber in jedem Element der unmittelbaren Weltwirklichkeit auszudrücken und darin gegenwärtig zu werden, in Dingen, Vorgängen, Ordnungen, Werten. Es vermag sie zu durchdringen; sie nicht nur zu einer volleren, sondern auch zu einer neuen Sinn-Realisation zu bringen; sie zu Symbolen seiner eigenen Wesensfülle zu machen.

Das aber immer so, daß es sich zugleich von ihnen unterscheidet. Das Religiöse bejaht, intensiviert, erhöht das Welthafte und stellt es zugleich in Frage, erschüttert es, führt von ihm weg – so sehr, daß es den Erfahrenden mit allem Welthaften in Konflikt bringen kann.

Dieses Doppelverhältnis kehrt in der religiösen Aussage wieder und gibt ihr ihre eigentümliche dialektische Struktur. Sie kann sich jedes Weltelement aneignen und es auf das Numinose übertragen; die religiöse Literatur aller Zeiten und Völker zeigt es. Das tut sie aber so, daß sie zugleich die Sicherheit seines irdischen Standes, seine welthafte Dichte und Eindeutigkeit auflockert. Sie meint zunächst das betreffende Weltelement; durch es hindurch aber ein Anderes; jenes Andere, das in der religiösen Erfahrung zur Gegebenheit gelangt – welche Erfahrung sie natürlich beim Hörenden in irgendeiner Weise voraussetzen muß.

Indem die religiöse Aussage das betreffende Weltelement ins Numinose trägt, macht sie aus ihm ein »Geheimnis« – das Wort in dem Sinn verstanden, wie er dargelegt wurde: nicht als ein Problem, sondern als jene Gegebenheitsform, die eben die Struktur des Bekannt-Unbekannten hat. Das Welthaft-Diesseitige wird ins Numinos-Andere geworfen. Darin entschwindet es – aber seine Sinnrichtung bleibt deutlich, und darin besteht die Leistung der Aussage.

Versucht die Rationalität, ihren Inhalt auf welthaft-logische Eindeutigkeit zu bringen, dann zergeht das Eigentliche, und es bleibt etwas übrig, das, auch bei höchstem Aufwand an Wissenschaft, im Grunde banal ist. Daher der Eindruck, den jeder Rationalismus hinterläßt, wenn er über das Religiöse spricht: die Verwunderung darüber, wie so viel Material und Methode etwas derart Bedeutungsloses zu Tage fördern könne – eine Bedeutungslosigkeit, welche durch die nächste Erfahrung des einfachsten Menschen und ihren Ausdruck im echten Wort widerlegt wird.

Nur wer Gott kennt, kennt den Menschen[*]

I

Dieser Vortrag soll zu Beginn unserer Arbeitstagung die Frage stellen, wie die Erkenntnis des Menschenwesens in der Erkenntnis des Wesens Gottes begründet sei; und wie daher das Wissen des Menschen um sich selbst von den Gedanken abhänge, mit denen er Gott denkt.

Das ist eine entscheidende Frage. Von ihrer Beantwortung hängt einfachhin alles ab.

Es versteht sich von selbst, daß ein Vortrag nicht mehr geben kann, als einige Grundlinien. Aber die ganze Arbeit der Tagung kreist ja um dieses Problem. In ihrem Verlauf werden sich Gedanke um Gedanke hinzufinden, und am Schluß wird, so hoffen wir, eine reiche und einheitliche Einsicht gewonnen sein.

II

Um gleich in die ganze Spannung der Frage hineinzukommen, betrachten wir einige charakteristische Bilder, welche die Neuzeit sich vom Menschen gemacht hat.

Da ist das Menschenbild des Materialismus, das im Anlauf zur Französischen Revolution entstanden ist, im neunzehnten Jahrhundert entwickelt wurde und heute das totalitäre Denken bestimmt:

Was es gibt, ist nach ihm nur die Materie. Sie war von je. Auf Grund ihrer Wesensgesetze ist sie in Bewegung gekommen, und aus dem toten Stoff hat sich das organische Leben gebildet; aus

* Mit freundlicher Genehmigung des Werkbund-Verlags, Würzburg.

dem organischen das psychische; aus diesem das geistige. Wenn es möglich wäre, zum Letzten durchzudringen, dann würde man alles aus den Eigenschaften der Materie ableiten können, so, wie der Chemiker eine Verbindung aus ihren Elementen und den Bedingungen des Versuchs ableitet. Für den Materialismus ist der Mensch nichts als hochkomplizierter Stoff.

Seinem Bild steht ein anderes gegenüber, das idealistische, von den großen Systemen des ausgehenden achtzehnten und neunzehnten Jahrhunderts entwickelt:

Danach ist das Erste und Eigentliche der Geist, und zwar der absolute, der Weltgeist. Er ist zuerst gebunden und stumm. Er will aber seiner selbst mächtig werden, so erzeugt er die Materie. In beständiger Auseinandersetzung mit ihr gestaltet er die Welt, um endlich im Menschen zum Bewußtsein seiner selbst zu gelangen. Daß der ewige Geist in ihm durchdringt, bildet das Wesen des Menschen. Alles findet darin seinen Sinn.

Aus dem Erlebnis der gesellschaftlichen Zusammenhänge ist das soziologistische Bild hervorgegangen. Es sagt:

Der Einzelne für sich ist nichts; er ist etwas nur aus dem Ganzen heraus. Ein Gedanke, eine Erfindung, ein Werk – was immer es an Beziehungen und Leistungen geben mag, gewinnt seinen Sinn erst dann, wenn man es aus dem sozialen Gefüge heraus versteht. Wirklich seiend ist die Gesellschaft; der einzelne Mensch sowohl wie sein Werk gehen aus ihr hervor. So ist der Mensch Erzeugnis und Organ des Soziallebens, sonst nichts.

Dieser Anschauung stellt sich die des Individualismus entgegen:

Wirklich Mensch ist danach nur der Einzelne; in der Vielzahl verschwindet das Eigentliche. Nur als Einzelner hat der Mensch Bewußtsein und Schaffenskraft; nur als solcher hat er Verantwortung und Würde. Sobald Viele sind, entsteht die Masse, die nur Objekt sein kann; Stoff für das Planen und Handeln des Einzelnen.

Der Determinismus sieht alles nach unabänderlichem Zwang geschehen:

An jeder Stelle gehen die Dinge, wie sie gehen müssen. In jedem einzelnen Vorgang drückt sich der gesamte Weltlauf aus. Freiheit ist Illusion. Sie ist nur eine besondere Art, wie die allbeherrschende Weltordnung sich im Menschen durchsetzt. So ist der Mensch ein Gebilde, das aus Notwendigkeiten entsteht; und sein Leben ist ein Vorgang, der sich im Zwang der Weltgesetze vollzieht.

Der Existentialismus hingegen sieht den Menschen vollkommen frei:

Nach ihm gibt es keine Ordnungen, die das Leben des Menschen bestimmen; ebendamit aber auch keine, auf die er sich stützen könnte. Ohne Halt, als ein Atom Möglichkeit, ist er ins Leere hinausgeworfen. In jedem Augenblick entscheidet er aus einer souveränen, richtiger gesagt, verzweifelten Freiheit über sein Tun. Er setzt sich selbst seinen Sinn. Ja er bestimmt sein eigenes Sein. Im Maße er es damit wagt, wird er Mensch.

Wir haben da mit kurzen Strichen sechs Bilder gezeichnet. Das eine sagt: der Mensch ist bis in seinen Kern hinein Materie – das andere: er ist eine Gestalt des absoluten Geistes ... Wieder sagt eines: der Mensch ist nichts als ein Moment in der sozialen Ganzheit – das andere: er ist nur Mensch, sofern er als Persönlichkeit in sich selbst steht ... Und noch einmal: der Mensch geht restlos in der Notwendigkeit der Weltgesetze auf – das andere: er ist absolut frei und Herr seiner selbst ...

Die gezeichneten Bilder stellen nur einen Teil derer dar, die in der Geschichte des menschlichen Selbstverständnisses aufgetaucht sind; es gibt noch andere. Doch reichen die sechs wohl hin, um die Frage zu stellen, die sich angesichts jener Geschichte in uns erhebt und lautet: Von diesen Bildern widerspricht ja immer eines dem anderen – wie kann das sein?

Der Mensch ist doch nichts, was in unerreichbarer Ferne des Weltraums oder der Weltzeit stünde. Er ist doch ohne weiteres da. Er ist das einfachhin Nahe, nämlich wir selbst. Wie kann da in der Aussage über ihn eine solche Ungeheuerlichkeit von Widerspruch entstehen? Und nicht bei Unwissenden und Ungebildeten, sondern bei den stärksten Geistern; nicht bei hilflosen Grüblern, sondern bei solchen, die ihre Einsichten austauschen und sich wechselseitig zur Wahrheit helfen können?

Wenn es möglich ist, das, was jeder von uns aus nächster Erfahrung kennt, weil er es selbst ist; weil es sein Vater ist, seine Mutter, Gatte, Kind, Freund, Arbeitsgenosse – wenn es möglich ist, das in solcher Weise zu beurteilen, dann muß es damit eine einzigartige Bewandtnis haben.

III

Der Biologe Alexis Carrel hat ein Buch geschrieben: »Der Mensch, das unbekannte Wesen«. Der Titel klingt ein bißchen sensationsmäßig; er spricht aber etwas aus, das man vielleicht schon selbst gedacht hat. Es scheint wirklich so zu sein, daß wir nicht wissen, wer der Mensch ist – was aber bedeuten würde, daß wir nicht wissen, wer wir selbst sind!
Wie ist das möglich? Der Grund kann nicht bloß in der Schwierigkeit der Probleme liegen. Die sind zwar schwer genug, und man hat manchmal den Eindruck, als ob mit ihnen an kein Ende zu kommen sei. Das allein aber würde nur ein unermüdliches Forschen verursachen; ein schrittweises Vorwärtsdringen – denken wir etwa an den Weg, den die Physik in der Erforschung der Materie zurückgelegt hat. Da war zuerst die alte Elementenlehre; dann entdeckte man die Atome als qualitäts- und strukturlose Stoffpunkte; von da kam man zum modernen Begriff vom Atom, das eine ganze Welt von Beziehungen und Vorgängen darstellt, und wer weiß, was man noch finden wird. Da ist wohl ein Versuchen und Wieder-Verwerfen, eine Mannigfaltigkeit der Hypothesen und Theorien; aber in allem läuft eine einheitliche Linie hindurch. Erst kürzlich hat einer unserer Physiker betont, es sei falsch, zu sagen, die neueste Atomphysik werfe die Ergebnisse der vorausgehenden klassischen um, sondern sie ordne sie in umfassendere Zusammenhänge ein. Betrachten wir aber von hier aus die Antworten auf die Frage nach dem Wesen des Menschen, so sehen wir in ihnen ein ganz anderes Bild: nicht die Überwindung einer jeweils unzulänglichen Theorie durch eine bessere, sondern unaufhebbare Widersprüche; keine Linie, aus welcher die Stufen der Forschung hervorträten, sondern heillose Verwirrung.

Mehr noch: Was sich hier gegenübersteht, sind nicht nur verschiedene Ansichten, sondern ganz verschiedene Gesinnungen. Die theoretische Auseinandersetzung ist in Wahrheit ein Kampf – und wir sehen, wie dieser Kampf geführt wird: auf Leben und Tod, und in Fronten, die durch die ganze Welt laufen. Das sollte uns die Augen öffnen.

Ob es vielleicht so steht, daß die rechte Erkenntnis des Menschen von besonderen Bedingungen abhängt?

Es ist doch überall so, daß die Erkenntnis eines Gegenstandes ihre Bedingungen hat. Denken wir etwa an Selbstverständlichkeiten wie die, daß ich kein Ding sehen kann, wenn das Licht fehlt; oder daß etwas mir vor Augen liegt, und ich es nicht bemerke, weil meine Aufmerksamkeit sich nicht darauf richtet; ja daß ich sogar nach ihm suche, es aber nicht finde, weil irgend ein Motiv in meinem Unbewußten will, es solle nicht da sein – mit einem Wort an alles das, was die konkrete Voraussetzung des Erkennens heißt ... Könnte es also nicht sein, daß die Erkenntnis des Menschen nur gelingt, wenn bestimmte Bedingungen erfüllt sind?

Wenn es aber so ist – welcher Art sind dann diese Bedingungen?

Das neuzeitliche Denken versteht den Menschen als ein Wesen, das sich aus der eigenen Natur heraus entwickelt, mit der Welt in Beziehung tritt, darin sein Werk schafft – und dann, vielleicht, hinter dem Unmittelbar-Welthaften noch einen metaphysischen Hintergrund annimmt. Letzteres muß aber nicht sein. Ob es geschieht, und in welcher Weise, ist eine subjektive Angelegenheit; Sache von Erlebnis und Bedürfnis. Und geschieht es, dann beeinflußt es wohl Haltung und Leben des Betreffenden; aber nicht anders, als zum Beispiel die Art, wie er irgend ein Schicksal meistert, oder die Liebe zu einem Menschen gestaltet. Sein Wesen als solches bleibt davon unberührt.

Ob das wahr ist? Ob die Beziehung zu Gott nicht vielmehr einen einzigartigen Charakter hat, anders als jede mögliche Beziehung sonst? Ob vielleicht ihr richtiger Vollzug eben jene Vorbedingung bildet, nach der wir fragen, und von der es abhängt, wie weit der Mensch sich selbst versteht – deshalb, weil sie in das

Wesen des Menschen hineingehört? Ob nicht hier der Grund für die befremdende Tatsache zu suchen ist, daß der neuzeitliche Mensch mit einem ungeheuren Aufgebot von Methoden und Apparaten, von Entdeckung, Experiment und Theorie die Frage stellt, was das vor Auge Befindliche, nämlich er selber sei, und als Ergebnis ein Wirrsal von Widersprüchen herauskommt?

IV

Im ersten Buch der Hl. Schrift, der Genesis, heißt es: »Und Gott sprach: Lasset uns Menschen machen als unser Bild nach unserm Gleichnis! Herrschen sollen sie über des Meeres Fische, über des Himmels Vögel, über das Vieh auf Erden überall und über alle Wesen, die auf Erden wimmeln! Und Gott schuf den Menschen als sein Bild. Als Gottes Bild schuf Er ihn. Er schuf sie als Mann und als Weib.« (1,26–27)

Nach diesen Worten ist der Mensch Ebenbild Gottes. Das wird vor allem gesagt, was irgend sonst noch vom Menschen gesagt wird. Es bildet die Grundbestimmung der Schriftlehre vom Menschen und ist in jeder Aussage enthalten, die irgendwo vom Menschen gemacht wird.

Was bedeutet das? Kann ein endliches Wesen Gott ähnlich sein? Offenbar handelt es sich hier um etwas Geheimnisvolles; denn eben an dieser Stelle setzt die Versuchung ein. Und sie erreicht, daß beim Menschen der Wille, Gottes Ebenbild zu sein, in den verkehrt wird, Ihm gleich zu werden. Was bedeutet also diese Ebenbildlichkeit?

Ein Ding kann die Nachbildung eines anderen sein. Etwa sagt jemand einem Handwerker, er solle ihm einen Tisch machen, geradeso gestaltet wie jener, den er ihm zeigt. Das wäre eine einfache Ähnlichkeit, eine Kopie. Es gibt aber auch lebendigere Weisen. So kann man zum Beispiel sagen, ein Kind sei das Abbild seiner Eltern. Dann hat es Eigenschaften, die auch die Eltern haben; bei ihm sind sie aber in seine Persönlichkeit hinein übersetzt ... Wie ist es nun mit der Ähnlichkeit zu Gott?

Gott ist doch absolut; Sein einfachhin; Wesen, Leben, Wahrheit,

Seligkeit. Und Er ist in einer Weise, die alles Denken und Sagen übersteigt. Wie kann da der Mensch, der doch geschaffen und also endlich ist, Bild dieses Ungeheuren sein?

Und doch ist es so, denn Gott sagt es. Er sagt sogar, daß in dieser Ebenbildlichkeit das Wesen des Menschen liegt.

Von einer Nachbildung kann hier nicht gesprochen werden, denn von Gott gibt es keine Kopie. Näher kommen wir schon, wenn wir von dem ausgehen, was wir über das Verhältnis der Eltern zum Kinde gesehen haben. Da ist nicht Kopie, sondern Übersetzung. Die elterlichen Wesenszüge übersetzen sich in das Wesen des Kindes; so, daß sie diesem zu eigen, aus dessen Persönlichkeit neu geboren werden.

Noch einmal näher kommen wir durch folgende Überlegung: Wenn wir das Antlitz eines Menschen anschauen, dann sehen wir darin, was in seiner Seele vor sich geht; den Respekt, die Zuneigung, den Haß, die Angst. Für sich kann man die Seele nicht sehen, denn sie ist ja Geist. Sie übersetzt sich aber in den Leib, und darin wird sie sichtbar. Der Menschenleib – Gestalt, Antlitz, Miene, Gebärde – ist die Erscheinung der Seelenwirklichkeit; das heißt aber, daß er, in all seiner Verschiedenheit, doch der Seele ähnlich ist.

Auf dieser Linie könnten wir noch weiter gehen; was wir hier meinen, ist aber wohl schon deutlich genug, das Unbegreifliche, das doch unser Wesen ausmacht; dem wir mit Scheu, aber auch mit Zuversicht nahen sollen: daß Gott, wenn es erlaubt ist, so zu sprechen, die unendliche Fülle und vollkommene Einfachheit seines Wesensbildes in die Endlichkeit und Gebrechlichkeit seines Geschöpfes übersetzt.

Und was da bei der Schöpfung geschieht, ist nur erst ein Vorentwurf. Es wird seine Erfüllung finden, wenn der ewige Sohn Gottes sich nicht nur im Menschen abbildet, sondern Mensch wird. Von Christus redend, sagt der Apostel: »Das Wort ist Fleisch geworden, und wir haben seine Herrlichkeit geschaut, die Herrlichkeit des Eingeborenen vom Vater.« (Joh 1,14) Das heißt aber: Wie im Antlitz eines Menschen dessen Seele, so konnte man im lebendigen Sein Jesu wirklich den ewigen Gottessohn schauen – vorausgesetzt freilich, daß die Augen dazu fähig, daß sie gläubig und liebend waren. Von diesem Geheimnis bildet jene Ebenbildlichkeit, die in der menschlichen Natur liegt, die erste Ahnung.

Ist das so, dann bedeutet das aber auch, daß diese Ebenbildlichkeit das ganze Sein des Menschen durchdringt. Daß sie etwas ebenso Genaues wie Geheimnisvolles ist: die Grundform, in der das Menschliche besteht; der Grundbegriff, aus welchem heraus es allein verstanden werden kann.

Augustinus findet dafür im Beginn seiner »Bekenntnisse« den für immer gültigen Ausdruck, wenn er sagt: »Zu Dir hin hast Du uns geschaffen, o Gott.« Das ist nicht enthusiastisch oder erbaulich gemeint, sondern genau. Gott hat den Menschen in eine Beziehung zu Ihm gesetzt, ohne die er weder sein noch verstanden werden kann. Er hat einen Sinn; der aber liegt über ihm, in Gott. Man kann den Menschen nicht so verstehen, daß er als geschlossene Gestalt in sich bestünde und lebte, sondern er existiert in der Form einer Beziehung: von Gott her, auf Gott hin. Diese Beziehung kommt nicht erst als Zweites zu seinem Wesen hinzu, so, daß dieses auch abgesehen von ihr sein könnte, sondern in ihr hat das Wesen seinen Grund.

Der Mensch kann zu einem anderen Menschen in mannigfache Beziehungen treten: des Kennens, der Freundschaft, des Helfens oder Schadens usf. In ihnen entfaltet sich sein Wesen, aber es besteht nicht darin. Er bleibt Mensch, auch wenn er diesen oder jenen Anderen nicht kennt, oder ihm nicht hilft. Die Beziehung hingegen, von der wir sprechen, ist anderer Art. Eine Brücke ist der Bogen, den der Baumeister von einem Ufer des Flusses auf das andere hinüberbaut. Ich kann nicht sagen: die Brücke kann auf dem anderen Ufer aufruhen oder auch nicht, und doch immer Brücke bleiben. Das wäre ein Unsinn, denn nur darin ist sie Brücke, daß sie sich von diesem Ufer erhebt und auf dem drüben aufruht. So etwa ist zu verstehen, worum es sich hier handelt. Der Mensch ist Mensch nur in der Beziehung zu Gott. Das »Von-Gott-Her« und »Auf-Gott-Hin« begründet sein Wesen.

Das wird noch deutlicher, wenn wir ins Auge fassen, was den Menschen, von allen anderen irdischen Geschöpfen unterscheidet: seine Personalität. Daß er Person ist, bedeutet: Er steht im eigenen Stand. Er vermag aus eigener Anfangskraft zu handeln; über sich und die Dinge zu verfügen. Auf die Frage: »wer hat das oder das getan?« kann er antworten: »ich«, und in Verantwortung dafür einstehen. Als solchen hat Gott ihn geschaffen. Das ist aber nicht nur so geschehen, daß Er den Menschen geformt und in sich selbst gestellt hätte, sondern etwas von ganz anderem Rang hat sich ereignet: Gott hat den Menschen zu seinem Du gemacht und ihm gegeben, seinerseits in Gott sein Du, sein eigentliches Du zu haben. In diesem Ich–Du-Verhältnis beruht sein Wesen. Und nur deswegen, weil Gott ihn in die Beziehung des Ich–Du zu Sich begründet hat, kann der Mensch auch zu anderen Menschen in personale Beziehung treten. Zu einem Anderen zu sagen: »ich sehe Dich . . . ich ehre Dich«, ist ihm nur möglich, weil Gott ihm gegeben hat, zu Ihm, dem Herrn, zu sagen: »Du bist mein Schöpfer . . . ich bete Dich an.«

In der für alles Folgende entscheidenden Offenbarung auf dem Berge Horeb (Exod 3) erscheint Gott dem Moses im brennenden Dornbusch. Wie dieser nach Seinem Namen fragt, antwortet Gott: »Ich bin, der Ich bin.« Der Satz ist unausschöpfbar tief. Er sagt: »Ich bin Jener, der in Macht hier ist und handeln wird.« Tiefer: »Ich bin Jener, der keinen Namen von der Welt her annimmt, sondern nur aus Ihm selbst heraus genannt werden kann.« Noch einmal tiefer: »Ich bin Jener, der allein von Wesen her fähig und befugt ist, zu sprechen: Ich.« Dem reinen Sinne nach ist nur Gott »Ich«, Er-selbst. Wenn wir sagen: »er«, dann können wir irgend einen Menschen meinen; sprechen wir es aber einfachhin, aus der Tiefe des Geistes, dann meinen wir Gott. Wenn wir sagen: »Du«, dann können wir uns damit an einen Menschen wenden; sprechen wir es aber einfachhin, mit unserem ganzen Sein, ins Offene hinaus, dann rufen wir Gott . . . Dieser Gott ist es, der den Menschen anruft. Und nicht nur so, daß der Mensch schon wäre, und Er richtete nun sein Wort an ihn, damit er irgend etwas erfahre oder tue; sondern indem Gott den Menschen anruft, begründet Er ihn im Sein, und dadurch wird er Person.

Der Mensch besteht nur im Angerufensein durch Gott. Abgesehen davon gibt es ihn überhaupt nicht. Könnte man den Menschen von diesem Angerufensein ablösen, dann würde er zum Gespenst – nein, er würde zu nichts. Der Versuch aber, ihn trotzdem zu denken, wäre Unsinn und Empörung.

V

So kann er auch nur von hierher verstanden werden. Sobald man es anderswoher versucht, verfehlt man ihn. Dann braucht man wohl das Wort »Mensch«, aber dessen Wirklichkeit ist nicht mehr da.

In der Neuzeit zeigt sich etwas Eigentümliches, das jeden betroffen machen muß, der fähig ist, Wesentliches zu sehen. Der Mensch – richtiger gesagt, viele Menschen; jene, die den Ton angeben, lösen sich von Gott ab. Sie erklären sich für autonom, das heißt, fähig und befugt, sich selbst das Gesetz ihres Lebens zu geben. Das bedeutet folgerichtig auch den Anspruch, sich aus sich selbst heraus verstehen zu können. Diese Haltung geht immer entschiedener darauf zu, den Menschen absolut zu setzen. Ein Ethiker unserer Zeit hat gesagt, der Mensch sei so weit, daß er die Eigenschaften, die er bisher, weil er noch unmündig war, in einen Gott verlegt habe, nun an sich nehmen könne. Allwissenheit, Allmacht, Vorsehung und Schicksalsführung sollen nun zu menschlichen Eigenschaften werden. Er sei reif und fähig, zu entscheiden, was gut und was böse sei; was gewollt werden solle, und was nicht gewollt werden dürfe.

Neben dieser Linie läuft aber eine andere. Da wird gesagt, der Mensch sei ein Lebewesen wie alle anderen auch. Seine Geistigkeit gehe aus dem Biologischen hervor, und dieses aus der Materie. Im Letzten sei der Mensch nichts anderes als das Tier, nur höher entwickelt; das Tier aber nichts anderes als das materielle Ding, nur vielfältiger gebaut. So löst der Mensch sich in die stumme Stofflichkeit auf.

Ist das nicht offenbarend? Daß diese beiden Antworten, deren jede da doch die andere aufhebt, zur gleichen Zeit und aus der gleichen Wurzel heraus gegeben werden?

Die beiden Linien zeigen, wie der Mensch sich selbst mißversteht, wenn er das Auf-Hin zu Gott verläßt, das sein Wesen begründet.

Er erlebt die Macht- und Sinnfülle des Erkennens und Schaffens. Er fragt: wie ist das zu verstehen? und antwortet: Mein Geist ist der absolute Geist. Ich bin in meinem Kern mit Gott identisch. Ja, ich bin selbst das, was ich früher in der Schwäche der Unmündigkeit »Gott« genannt habe ... Der gleiche Mensch aber sagt auch: Es gibt überhaupt keinen Geist. Was man Geist nennt, ist ein Erzeugnis des Gehirns; das Gehirn aber eine höhere Gliederung dessen, was schon der tote Stoff ist.

Und wieder:

Der Mensch erfährt das Gewaltige seiner Initiative, seiner Anfangskraft: daß er nicht nur eine Umsetzungsstelle der Wirkungsketten ist, die durch die Welt laufen, sondern fähig, Wirkungsketten in ihm selbst beginnen zu lassen. So fragt er: Was ist das? und antwortet: Freiheit, absolute, schöpferische, welche die Ideen und Normen, ja die Welt selbst hervorbringt .. Der gleiche Mensch sagt aber auch: Von Freiheit zu reden, ist Unsinn. In Wahrheit gibt es nur Notwendigkeiten. Diese heißen im stofflichen Bereich »Naturgesetz«; im seelischen »Trieb«; im sittlichen »Motiv« – drei Namen für das Gleiche.

Und abermals:

Der Mensch hat das beglückende Bewußtsein, nicht nur ein Exemplar der Gattung, sondern Person zu sein: er-selbst. So fragt er: Was ist das, diese Person? und die Antwort lautet: Das ganz auf sich selbst Gestellte; ohne Ordnungen, die es trügen, ohne Normen, die es verpflichteten, hinausgeworfen ins Irgendwo, zu dem ebenso gewaltigen wie furchtbaren Schicksal, in jedem Augenblick sich selbst bestimmen zu müssen ... Die andere Antwort aber sagt: Die Meinung, der Mensch sei Person, ist eine Täuschung. In Wahrheit ist er nur ein Element im Weltall; ein Ding unter Dingen; eine Zelle im Staat. Für sich selbst hat er keinen Sinn. Sich in sich selbst zu stellen, ist Verbrechen schlechthin. Er soll im Ganzen aufgehen, und einverstanden sein, in es hineingeopfert zu werden.

So könnte man noch vieles andere sagen, aber wir sehen wohl, wie sich hier durch immer neue Abwandlungen hin immer das

Gleiche vollzieht: In unerschöpflichem Irren mißversteht der Mensch sich selbst.

Als er Gott losließ, wurde er sich selbst unbegreiflich. Seine unzähligen Versuche, sich zu deuten, spielen immer wieder zwischen den beiden Polen: sich absolut zu setzen, oder sich preiszugeben; den höchsten Anspruch auf Würde und Verantwortung zu erheben, oder sich einer Schmach auszuliefern, die um so tiefer ist, als sie gar nicht mehr empfunden wird.

VI

So viel weiß der Mensch, wer er ist, als er sich aus Gott heraus versteht. Dazu muß er aber wissen, wer Gott ist; und das kann er nur, wenn er Seine Selbstbezeugung annimmt.

Lehnt er sich gegen Gott auf, denkt er Ihn falsch, dann verliert er das Wissen um sein eigenes Wesen. Das ist das Grundgesetz aller Menschenerkenntnis.

Die erste Auflehnung dagegen geschah in der Ursünde. Sie wurde am Anfang begangen, und es ist unergründbar, wie das geschehen konnte. Seitdem steht die ganze Menschengeschichte unter ihrer Auswirkung. Mit dieser Lehre tritt die Offenbarung in einen grundsätzlichen Gegensatz zu jedem Naturalismus und Optimismus. Sie sagt uns, daß der wirkliche Mensch, seine Geschichte wie sein Werk, nichts mit den neuzeitlichen Anschauungen zu schaffen haben, wonach er in sicherem Fortschritt zu immer reicherer Selbstentfaltung gelangt. Diesen Menschen gibt es nicht.

Die Ursünde bestand darin, daß der Mensch nicht mehr Ebenbild sein wollte, sondern selbst Urbild; wissend und mächtig wie Gott. Damit fiel er aus der Beziehung zu Gott heraus. Die Brücke verlor das andere Ufer. Die Gestalt stürzte in sich selbst zusammen, und es entstand der verlorene Mensch.

Von langen Strecken seines Lebens im Dunkel der Verlorenheit wissen wir nichts. Vielleicht werden wir einmal fähig, zu hören, was die Kunst der frühesten Zeit darüber sagt. Vielleicht lernen wir auch einmal, die paläontologischen Funde daraufhin zu befragen. Bis jetzt geschieht das alles ja nicht; sondern Frage und Antwort stehen unter dem Bann der Entwicklungsvorstellung, wonach alles Frühere Stufe auf dem Wege zum Höheren ist. In Wahrheit war jenes Dunkel nicht die Phase vor dem Hinaustritt in die kulturelle Klarheit, sondern die dumpfe Verstörung nach dem Fall.

In diesem Zustande wußte der Mensch nicht mehr, wer er sei, noch worin der Sinn dieses Lebens bestehe. Im Norden gibt es die Sage von den Leuten, denen der Troll das Herz versehrt hat. Von da an wissen sie nicht mehr, wer sie sind. Sie suchen nach sich selbst und finden sich nicht mehr. Das ist ein Gleichnis für das, was wir meinen: die Menschen wußten nicht mehr, wer sie waren, noch woher sie kamen, noch wohin sie gingen.

Und das ist lange so geblieben – trotz aller Größe der Leistungen und aller Herrlichkeit der Werke, welche die Geschichte erfüllen. Wenn man die Antworten prüft, die der Mensch auf die Frage nach seinem Wesen gibt – und nicht nur manche, sondern alle; nicht nur die mutigen, sondern auch die verzweifelten; nicht nur die edlen, sondern auch die gemeinen – dann sieht man: er weiß nicht, wer er ist. Nur hat er sich an dieses Nicht-Wissen so sehr gewöhnt, daß er es in Ordnung findet; daß er es mit der Problematik der Natur verwechselt, welche die Wissenschaft Schritt um Schritt überwindet; daß er gar noch stolz darauf ist.

Dann geschah die Offenbarung. Sie vollzog sich auf der schmalen Linie der alttestamentlichen Geschichte und vollendete sich in Christus. Durch sie wurde dem Menschen gesagt, wer er sei, indem ihm gesagt wurde, wer Gott ist. Gotteserkenntnis und Menschenkenntnis waren eins, und das Ebenbild bekam wieder seinen Sinn.

Ja in Christus stieg es zu unbegreiflicher Höhe, denn in Ihm wurde das Menschenbild zum Mittel für die Epiphanie des ewigen Sohnes Gottes in der Welt: »Wer Mich gesehen hat, hat den Vater gesehen.« (Joh 14, 9) In Glaube und Taufe aber erhält der Mensch Anteil an diesem Geheimnis. Der neue Mensch wird geboren, der »gestaltet ist nach dem Bild von [Gottes] Sohn« (Röm 8, 29).

Von hierher konnte er sich wieder verstehen. Er war wie Einer, der nach langer Selbstvergessenheit zu sich kommt. Wenn wir das Denken, Schauen, Gestalten, die Ordnung und Weisheit der ersten fünfzehn Jahrhunderte nach Christus betrachten, so sehen wir, wie in ihnen überall der Mensch zu den eigenen Wurzeln vordringt. Zur Höhe Gottes hinaufsteigend, begegnet er der eigenen Wahrheit. Die Innigkeit Gottes erfahrend, wird er der eigenen Tiefe inne. Die Herrlichkeit Gottes ahnend, versteht er die eigene Sehnsucht. Die heutige Wissenschaft vermag die Kunst jener Zeit zu lesen. Sie weiß Endloses über Daten und Zusammenhänge, Formen und Stile; das Eigentliche sieht sie nicht, nämlich die Begegnung des Menschen mit sich selbst in der Begegnung mit Gott – ob es sich nun um die Menschengestalt selber handelt, oder um den menschlich geformten Raum in Kirche, Palast und Haus; um das Schicksal des Menschen in Gedicht und Drama, oder um das Leben des Herzens in der Musik.

Dann aber kam wieder der Abfall. Nicht nur dieser oder jener Einzelne, sondern viele der Einflußreichen und Verantwortlichen lösten sich von Gott. Das Dasein als Ganzes bekam einen anderen Charakter. Ein ungeheurer Ausbruch an künstlerischer, dichterischer, wissenschaftlicher Leistung, an staatlicher Gestaltung und wirtschaftlich-technischer Meisterung der Welt ereignete sich. In alledem aber geschah Furchtbares: Der Mensch begann wieder zu vergessen, wer er ist; ohne zu merken, daß es geschah, ja meinend, jetzt erst dringe er zur wirklichen Wahrheit durch.

Er verließ das »Auf-Hin« zu Gott und verstand sich selbst als natürlich-selbstgenugsames Wesen, sein Werk als selbstherrliche Schöpfung. Dabei verlor er aber sein wahres Sein aus den Augen, und ebenso den wahren Sinn seines Tuns.

Nehmen Sie die heutige Wissenschaft vom Menschen, wie sie sich in Medizin, Psychologie, Soziologie, Historie ausdrückt. Finden Sie in dem, was sie sagt, sich selbst wieder? Wenn Sie die Suggestion wegtun, die sie umgibt; wenn Sie sich auf Ihr innerstes Wissen besinnen – haben Sie dann das Gefühl, Sie seien das Wesen, von welchem da die Rede ist? Erleben Sie nicht das Schauspiel, daß der Mensch mit einem gewaltigen Aufwand an

Tatsachen und Methoden von sich spricht, und dabei sich selbst entgleitet?

Oder nehmen Sie den modernen Staat, der so riesenhafte Leistung der Ordnung und Verwaltung vollbringt – haben Sie das Bewußtsein, das Wesen, das da Gesetze gibt und befolgt, regiert und regiert wird, seien Sie selbst? Ist da nicht ein ungeheurer Apparat im Gang, der aber letztlich ins Leere greift? Steht es nicht so, daß da ein Wesen gefaßt, in Ordnungen eingefügt, zu Zwecken gebraucht und mißbraucht, gefördert und zerstört wird; und dieses Wesen wird »Mensch« genannt, ist aber in Wahrheit gar nicht der wirkliche Mensch, sondern ein gespenstisches Ding zwischen Halbgott und Ameise?

Es gibt die pathologische Erscheinung der Amnesie; im Zusammenhang mit dem Kriege ist sie nicht selten eingetreten. Da lebt ein Mensch, tut dies und das, hat aber vergessen, wer er ist. Damit fehlt seinem Dasein Mitte und Einheit. Etwas Ähnliches, aber in ungeheuerlichem Ausmaß, ist dem neuzeitlichen Menschen geschehen. Er ist wie Einer, der seinen Namen vergessen hat, denn sein Name ist eingebettet in den Namen Gottes. Man kann nicht den Namen des Lebendigen Gottes vergessen, und seines eigenen Namens, seines eigenen Lebenssinnes und Lebensweges inne bleiben. Das geht ebensowenig, wie eine Brücke stehen könnte, wo sie steht, wenn man das Ufer wegstieße, auf dem sie aufruht. Dieser Mensch ist fieberhaft tätig. Er leistet Ungeheures, um sich selbst zu bestätigen. Er bringt die Welt in seine Macht, um sie als sein Werk aufzurichten. Im Grunde weiß er aber nicht mehr, wer das Wesen ist, welches das tut, noch woher es kommt, noch wohin es geht.

Daß dieser Zustand aber nicht nur metaphysisch bleibt, sondern in die Wirklichkeit des seelischen wie des körperlichen, des individuellen wie des staatlichen, des wirtschaftlichen wie des kulturellen Lebens eingreift, sieht jeder, der sehen will.

Hier sind die Zusammenhänge wirksam, die zu durchschauen eine Aufgabe des christlichen Denkens sein wird.

Und es wird sich zeigen, daß durch die Wirrnis der verschiedenen politischen, wirtschaftlichen, kulturellen Gegensätze, welche die Welt erfüllen, zwei große Fronten gehen, auf denen die eigentlichen Dinge entschieden werden: die jenes Menschen, der den Anspruch erhebt, sein Dasein und sein Werk aus ihm selbst heraus zu verstehen, und die des anderen, der seinen Namen immerfort aus dem Namen Gottes, und seinen Auftrag vom wirklichen Herrn empfängt.

Über den christlichen Sinn der Erkenntnis

Eine Meditation zum Semesterbeginn

I

Was bedeutet die Erkenntnis in einem Dasein, das an die Offenbarung nicht glaubt?

Wie empfindet ein Mensch, der nichts von Gott weiß, oder doch nichts von Dem, der sich seit den Tagen Abrahams immer machtvoller geoffenbart und sich schließlich in Christus leuchtend kundgetan hat – wie empfindet ein solcher Mensch das Erkennen?

Zur Beantwortung der Frage müssen wir von der Weise ausgehen, wie der von der Offenbarung abgelöste Mensch der Neuzeit die Welt sieht. Sie ist ihm der Inbegriff dessen, was es gibt: der Dinge, der Beziehungen, der Geschehnisse. Sie hat an sich mit dem Erkennen nichts zu tun. Ihrem Wesen nach ist sie nicht vom Geiste erhellt, sondern dunkel. Nicht zur Wahrheit aufgetan, sondern verschlossen. Sie ist nur.

Die Neuzeit drückt das so aus, daß sie sagt: Die Welt ist Natur. Sie war schon immer, und wird immer sein. Alles ist in ihr, alles geschieht in ihr. Man kann nicht fragen, warum sie sei, noch wozu sie sei – sie ist eben. Der Mensch findet sich in ihr vor. Er stößt wider die Dinge. Er steht in Beziehungen, die von Ding zu Ding laufen. Er wird von Vorgängen erfaßt, die sich um ihn her vollziehen – und nun geschieht etwas Eigentümliches.

Wenn er an ein Ding gerät, dann greift er nicht nur danach, gebraucht es, ißt das Nährende, trinkt das Durststillende, umhüllt sich mit dem Wärmenden, sucht in der Höhle Schutz vor Sturm und Kälte, was alles auch das Tier tut, sondern er fragt. »Fragen« ist etwas anderes als instinkthaftes Suchen nach dem, was ein Bedürfnis befriedigt. Das geschieht im unmittelbaren Zusammenhang der organischen Notwendigkeiten. Im Fragen hingegen tritt der Mensch aus diesem Zusammenhang heraus, nimmt Abstand, richtet seinen Blick auf das Ding, das da steht, und will »wissen«: Was ist das? Wie ist das geschaffen? Warum ist es? Wenn er von einem Vorgang erfaßt wird, dem Sturm, oder der Krankheit, dann sucht er sich nicht nur zu wehren, wenn das Geschehen ihm schadet, oder es zu benutzen, wenn es fördert, sondern er stellt sich hinaus und fragt: Warum geschieht das so? Wohin führt das? Wie muß ich mich darin verhalten? Wozu kann ich es nützen?

Durch dieses Tun unterscheidet sich der Mensch vom Tier. Kein Tier tut so, auch das scheinbar klügste nicht. Es tritt aus dem Zusammenhang der Natur heraus. Sein Verhaten ist nur ein instinktives Sich-zurechtfinden in ihm.

Der Mensch hingegen tritt den Dingen gegenüber, betrachtet und fragt. Dadurch öffnet sich ihm ein zweiter Raum, außer dem des unmittelbaren Seins: der Raum der Frage und der Antwort, des Bewußtseins und des Sinns. Darin erscheinen die gleichen Dinge wie in der Natur, aber anders. Sie werden durchsichtig auf das hin, was »Wesen« heißt. Sie öffnen sich auf das hin, was »Sinn« heißt. Sie treten in eine Nähe zum Geist. Sie werden für den Geist bewohnbar.

Die Bedeutung – die eigentliche, endgültige – dieses Tuns liegt nicht im Nutzen. Einen solchen hat auch das Tun des Tieres; sogar viel unmittelbarer und sicherer als das des Menschen. Sie besteht in etwas, was nicht weiter erklärt werden kann, was aber jeder, der den Namen Mensch zu Recht trägt, ohne weiteres empfindet: in der Wahrheit. Sobald das Fragen und Antworten gelingt, stellt sich eine geistige Befriedigung, eine Bereicherung und Ausweitung ein: die Erkenntnis.

Schon an den ersten Zeugnissen menschlichen Daseins sehen wir die Anzeichen dieses Vorgangs. Sobald der Mensch er selber ist, sucht er Wahrheit zu erkennen. Darin nimmt er die Welt in einer Weise zu eigen, wie das Tier es nicht vermag.

Gewiß bringt die Erkenntnis ihm auch Nutzen. Er gewinnt dem Sein gegenüber Sicherheit. Er vermag sich seiner Gefahren zu erwehren; vermag es zu erobern und zu beherrschen. Aus der Erkenntnis erwachsen ihm aber auch Gefahren. Im Maß sie zunimmt, wird der Instinkt schwächer. Der Mensch verliert die unmittelbare Bergung, welche frühere Zustände ihm gegeben haben. Er tritt der Welt gegenüber immer mehr in eine Freiheit, die zugleich Unsicherheit bedeutet. Das Tier kann, solange es gesund ist, nicht fehlgreifen; in seinem Bereich ist es sicher. Auch der frühe Mensch hat viel von dieser unmittelbaren Instinktsicherheit. Je stärker er aber sein Wesen verwirklicht, desto mehr verliert er sie. Sein Leben wird mächtiger, aber zugleich gefährdeter.

Im Fortgang des Einzellebens wie der Geschichte wächst diese Erkenntnis. Von immer mehr Dingen kann der Mensch sagen, wie es mit ihnen steht. Immer tiefer dringt er in ihren Aufbau wie in die Weise ihres Verhaltens ein. Immer deutlicher schreitet er von der bloßen Feststellung zur Einsicht in die Zusammenhänge vor, die sagt: So pflegt es zu geschehen, so muß es geschehen.

Der Größe dieses Vorgangs ist er sich bewußt – so sehr, daß er in ihm sein Wesen sieht. Er verwandelt die bloß seiende Welt in eine erkannte; die dunkle Welt in eine helle; die verschlossene in eine zur Wahrheit offen gewordene.

II

Mit Kraft, mit Freude, mit Triumph weiß der Mensch, daß er Erkennender ist. Das ist aber nicht der ganze Charakter der Erkenntnis; sie hat noch einen anderen.

Zu ihrem Wesen gehört, daß sie alles erkennen will – das Ganze des Seins, und dieses Seiende ganz. Sie dringt immer weiter ins Dunkel vor, um es aufzuhellen; ins Verschlossene, um es zu eröffnen; ins Fremde, um es anzueignen. Als ein unabsehlich Nicht-Geheures erstreckt die Natur sich um den Menschen her, und er will sie bezwingen; je weiter er aber kommt, desto tiefer fühlt er sein Unvermögen.

Die noch unerprobte Erkenntnis überhebt sich; je reifer sie aber wird, desto tiefer fühlt sie, wie viel mehr das Unerkannte ist als das Erkannte. Man hat gesagt, die Erkenntnis sei wie eine Kugel: je größer die wird, desto mehr Berührungspunkte hat sie mit dem, was außerhalb ihrer liegt. Je mehr einer erkennt, und je tiefer er dringt, desto stärker wird sein Bewußtsein vom Nicht-Erkannten. Der Gang der Erkenntnis enthüllt sich als eine Bewegung, bei der kein Ende abzusehen ist.

Nicht nur das. Der Mensch merkt immer deutlicher: ich weiß, wie die Dinge gebaut sind; ich weiß, wie sie sich verhalten; ich weiß, welche Beziehungen sie zueinander haben – nicht aber weiß ich, was sie sind. Gerade die Schärfe der wissenschaftlichen Einsicht, wie sie sich in Begriff und Gesetz ausdrückt, läßt fühlen, daß sie ein Unbekanntes umkreist. Je heller das »Wie« hervortritt, desto dunkler wird das »Was«.

Der bloß rationalistische Verstand ist damit zufrieden. Er triumphiert mit der Klarheit seiner Begriffe und der Schärfe seiner Gesetze. Im tieferen Geist wächst mitten in der wissenschaftlichen Erkenntnis ein Gefühl von der Fremdheit der Dinge. Es ist wie eine Finsternis im Lichte selbst.

Mehr noch. Je weiter das Erkenntnisstreben fortschreitet, desto entschiedener richtet es sich auf das Erkennen selbst. Es fragt nicht nur: Wie sind die Dinge – sondern auch: Wie ist jenes Fragen, das sich auf die Dinge richtet? Was leistet es? Hat es ein Recht auf den Anspruch, den es erhebt?

Und mancherlei Umstände legen eine verneinende Antwort nahe. Immer wieder muß der Mensch feststellen, daß jener Vorgang des Fragens und Antwortens fehlgegriffen, daß er sich geirrt hat. Immer wieder zeigt sich, daß etwas, was unter einem Gesichtspunkt richtig schien, unter einem anderen sich als falsch herausstellt.

Er sieht, wie die Zeiten sich wandeln. Wie sie jeweils von verschiedenen Voraussetzungen ausgehen; und, was der einen gewiß erschien, der anderen zweifelhaft oder töricht ist. Er sieht, wie die einzelnen Menschen von verschiedenen Voraussetzungen ausgehen, Veranlagungen, Grundinteressen, Gestimmtheiten des Gemütes, und wie sie, je nach ihrer Art, die Dinge bald so, bald anders ansehen.

Das alles macht ihn zweifeln. Und während er als Forscher seiner Ziele und Methoden immer sicherer wird, wird er immer unsicherer, sobald er nach dem Sinn des Forschens überhaupt fragt. Diese Ungewißheit kann so anwachsen, daß er am Sinn des Erkennens überhaupt irre wird, und ihm der Zustand des Menschen, der in naiver Naturverbundenheit lebte, besser erscheint als der eigene. Damit gewinnt das Erkenntnisstreben des Menschen einen tragischen Charakter: es wird zu einem Ringen um eine unlösbare Aufgabe.

Wenn dann ein solcher Mensch über sein individuelles Dasein hinaus auf den Lauf der Geschichte schaut; über die wenigen Jahrtausende der Geschichte hinaus auf die Jahrmillionen der Erde, dann erscheint vor seinem Auge ein Bild, wie Schopenhauer es beschrieben hat: In einem kalten, von stummen Kräften regierten All fliegt eine winzige Kugel herum, Erde genannt. Auf dieser Kugel erscheint in einem bestimmten Augenblick ein dünner Schimmelüberzug, der Leben heißt. Darin treiben sich unwahrnehmbar kleine Wesen herum, die Menschen, und tun seltsame Dinge. Das Ganze dauert eine kurze Weile, dann ist die winzige Kugel, die zuerst warm war, erkaltet. In der Kälte erstarrt das Leben, und alles ist aus.

Auch der seltsame Vorgang, Erkenntnis genannt, ist aus. Die geheimnisvolle zweite Welt, in welcher die Dinge durch die Wahrheit aufgehellt, durch den Sinn aufgeschlossen waren, ist verschwunden. Nun gibt es wieder nur Natur; ungeistig, dunkel, und stumm.

III

Was sagt die Offenbarung dazu?

Vor allem eines: Was der neuzeitliche Mensch unter »Welt« versteht, ist ein Mißverständnis. Was er »Natur« nennt, gibt es nicht. Die Welt ist nicht Natur. Sie ist nicht das, was einfachhin da, und worin der Mensch eingefügt ist. Das, hinter welches der Mensch nicht zurück-, über das er nicht hinausfragen kann. Die Welt ist nicht »Natur«, sondern sie ist »Werk«.

Es ist Zeit, daß das christliche Denken sich seiner Lage bewußt werde. Daß es merke, es denkt wohl Christliches, aber — weithin — nicht christlich. Wenn es über die Dinge des Glaubens nachdenkt, steht es gleichsam auf einer Insel; sobald es sie verläßt und die Welt denkt, Wissenschaft treibt, philosophiert, denkt es wie der Unglaube.

Die ersten Worte, mit denen Jesus seine Verkündigung beginnt, lauten: »Das Reich Gottes ist herangekommen, sinnet um und glaubet der Heilsbotschaft.« Die Worte: »sinnet um« werden meist nur auf das Tun, auf die Gesinnung bezogen. Sie beziehen sich aber auch auf das Denken. Und nicht nur so, daß der Mensch christliche Glaubensgedanken denken, sondern, daß er über die Welt christlich denken soll.

Die erste Umkehr aber, der grund-legende Umbau des Denkens besteht darin, daß er die Welt nicht als Natur, sondern als Werk denkt, als Werk Gottes.

Das ist nicht leicht. Das neuzeitliche Denken, auch das geistigste, auch das feinste und gewaltigste, ist naturhaft geworden. Es denkt das Seiende als Natur – das heißt, als jenes, das einfachhin ist; aus dem alles kommt; in dem alles verläuft; zu dem alles zurückkehrt. Die Welt ist aber nicht so, sie ist Werk.

Freilich Werk Gottes. So ungeheuerlich im Maß, so abgründig in der Tiefe, so genau in den Gesetzen, so vollkommen an jeder Stelle, daß es schlechterdings überzeugt. Ja, daß es den Geist zu überwältigen droht, und er in Gefahr steht, es als das Seiende einfachhin zu nehmen. Dann vergißt er, daß es geschaffen, daß es Werk ist. Er vergißt, daß es an jeder Stelle den Charakter des Getanen hat. Daß es nicht Notwendigkeit, sondern Ergebnis von Tat, Tat-Sache ist.

Die Gefahr, die Welt so zu denken, war immer da. Das erste Heidentum dachte die Welt als All, aber doch in Frömmigkeit. Sie war ihm von göttlichen Mächten erfüllt; war selbst göttlich. Als die Offenbarung geschah, enthüllte sie ihren wahren Charakter: daß die Welt nicht göttlich, sondern von Gott geschaffen und vom Schöpfer her mit göttlichem Sinn erfüllt ist. Dadurch wurde der Mensch frei und konnte ihr von Gott her gegenübertreten. Dann aber kam die Neuzeit. Sie lehnte den Schöpfer ab, so lange, bis sie ihn vergaß. Sie stellte die Welt in sich selber; den Menschen in sich selber; und aus dem »Werk« wurde »Natur«.

Das liegt uns allen im Blut und tut seine Wirkung, auch wenn wir gläubig sind. Sobald wir uns dem Gefälle unseres neuzeitlichen Wesens überlassen, denken wir die Welt als Natur. Um davon frei zu werden, bedarf es einer Erziehung des Denkens vom Glauben her; einer – wie ein großer Christ, Kierkegaard, gesagt hat – »Einübung ins Christentum«.

Diese Einübung aber ist schwer. Nur langsam vollzieht sich die Umkehr, die der Herr fordert. Langsam lernt man, die Welt als Werk, nicht als Natur zu denken. Sie an jeder Stelle in der Hand ihres Schöpfers zu wissen, und ihr doch die ganze Strenge zu bewahren, was Experiment und Theorie erkennen. Das muß aber geleistet werden, wenn nicht bloß diese oder jene Aussage christlich sein soll, sondern das Denken überhaupt.

IV

Im Maße das geschieht, bekommt das Erkennen einen neuen Charakter. Versuchen wir, ihn auszudrücken.

Vor allem: Es ist nicht wahr, daß die Welt von sich aus keine Beziehung zur Erkenntnis hat. Es ist nicht so, daß die Welt an sich in der Unerkanntheit stünde, im Dunkeln, in der Verschlossenheit – und erst, wenn der Mensch fragt, würde Wahrheit, öffnete sich das Sein. Das träfe zu, wenn sie Natur wäre. Sie ist aber Werk, und als solches ist sie von vornherein erkannt. Nie war die Welt wesenhaft dunkel. Nie verschlossen. Mit ihrem ganzen Sein steht sie im Licht: in der Wahrheit, in der Gott sie erkennt. Ganz ist sie offen: aufgeschlossen seinem Blick.

Der Seinsraum ist zugleich ein Wahrheitsraum, ein Lichtraum, ein Sinnraum. Zum Dunkel wurde er erst im Blick des Menschen, der nicht mehr von Gott wußte. Verschlossen wurde er erst aus dem Herzen heraus, das sich gegen Gott empörte. Da ist jene Welt entstanden, von welcher der Anfang des Johannesevangeliums redet – und dann hat der Mensch es unternommen, sie von sich aus aufzuhellen und zu erobern. Lesen wir einmal unter diesem Gesichtspunkt den Johannesprolog: wir werden sehen, daß die eineinhalb Seiten Text geradezu die Tragödie der Welt ausdrücken.

Offenbarung aber bedeutet, daß die Dinge wieder an ihren Platz kommen. Und Glauben heißt, sich selbst in die Ordnung stellen. Von Gott her erkennen, daß die Welt im Licht steht; daß sie ihrem Sein nach nie dunkel war, sondern aus Wahrheit gebaut. Daß sie nie verschlossen war, sondern durchsichtig für den Blick, der aus reinem Herzen kommt. Daß sie nie fremd war, sondern Eigentum Gottes, der sie dem Menschen in die Verantwortung gegeben hat.

Dadurch ändert sich die Haltung des Menschen ihr gegenüber. Im griechischen Mythos gibt es eine Gestalt, die der moderne Mensch gern als Ausdruck seines Verhältnisses zur Welt ansieht: Prometheus. Goethe hat ihn verherrlicht – der junge Goethe; der alte hätte es vielleicht nicht mehr getan. Dieser Prometheus gilt der Neuzeit als Ausdruck des ruchlos-großartigen Willens, Gott die Welt aus der Hand zu reißen und die eigene Herrschaft in ihr aufzurichten: er holt das Feuer, das der Höhe gehört, auf die Erde herunter. Dann duldet er in ungebrochenem Trotz die furchtbare Strafe, welche die eifersüchtige Gottheit über ihn verhängt. Ein Kenner der griechischen Frömmigkeit sagt, die Antike habe in Prometheus nichts gesehen als den Frevler; das Düster-Heroische habe erst die Neuzeit hinzugetan. Dem verherrlichten Prometheus hat derselbe Goethe einen Bruder gegeben: seinen Faust. Auch diese Gestalt hat ihren ursprünglichen Sinn verkehrt. Für das Mittelalter war Faust der Magier, der sich gegen Gottes heilige Ordnung auflehnt und untergeht. Der »faustische« Faust ist eine Schöpfung der Neuzeit – ebenso wie der »prometheische« Prometheus. Und heute, am Ende der Neuzeit, mehrt sich die Zahl derer, die sehen, wie problematisch seine Figur ist.

Die Offenbarung räumt mit alledem auf. In ihrer heiligen Nüchternheit, großartiger als alle Übersteigerungen, gibt es weder »das Prometheische« noch »das Faustische«. In ihrem Licht wird das Denken demütig und zuversichtlich zugleich. Erkenntnis ist nicht die Aufhellung des an sich Dunklen, sondern der Eintritt in jenes Licht, welches wesentlich, von Gott her, in der Welt ist. Erkenntnis ist nicht die Öffnung des an sich Verschlossenen, sondern der Weg in jene Freiheit, welches das Geschöpf hat, solange es in der Ordnung bleibt. Erkenntnis ist nicht das Ringen mit der stummen, fremden Natur, sondern der Nachvollzug von Gottes eigener Erkenntnis.

Durch diese Einsicht wird an der Aufgabe des Denkens und Forschens nichts geändert. Das Experiment bleibt, was es ist: die methodische Anordnung der Wirklichkeit auf klarere Erfassung hin. Die theoretische Durcharbeitung behält ihre ganze Genauigkeit, ist verpflichtet, sich in jedem Punkt vor der Kritik auszuweisen. Nach wie vor müssen die Quellen geprüft und das Gewebe der Wirklichkeit auf Ursache und Wirkung hin durchschaut werden. Der Glaube nimmt dem Forschen keine Verantwortung noch Mühe ab. Im Gegenteil, die Verantwortung wird größer, und damit größer die Mühe; denn wenn die Wahrheit von Gott ist, dann ist das Vergehen gegen die Wahrheit ein Vergehen gegen ihn.

Aber die Haltung bekommt eine tiefe Ehrfurcht. Wenn Erkennen heißt, Gottes Gedanken nachzudenken, dann gilt da keine Autonomie, sondern der Gehorsam gegen die Hoheit des Logos. Diese Haltung weiß aber nichts von Skepsis. Niemals sagt sie, Wahrheit sei Illusion, und Erkennen ein Hantieren mit Fremdem. Das Seiende ist Gottes Werk und daher im Innersten vertraut. Wohl übersteigt es unsere Kräfte, wohl ist das Forschen ein Hinausdringen ins Endlose, der Weg geht aber immer durch Vertrautes. Und der Trieb, zu forschen, der Wille, zu erkennen, die Begeisterung der Wahrheit kommt im letzten aus jener Geistesmacht, von der die Genesis sagt, daß sie »über der Urflut schwebte«, bereit, das erste von Gott selbst geschaffene Chaos zur Fülle der Dinge und Geschehnisse zu ordnen, »Welt« hervorzubringen.

V

Die Haltung unserer Zeit ist merkwürdig zwiespältig. Überheblich ohne Maß – und wieder unsicher und verzweifelt. Beides aber ist Schwäche. Daß es so ist, zeigt sich an der Gewalt, die überall geübt wird. Gewalt ist zutiefst Ohnmacht, Ratlosigkeit, Verzweiflung. Wenn der Mensch nicht mehr aus und ein weiß, übt er Gewalt: an den Dingen, indem er sie mißbraucht; an den Problemen, indem er, statt Lösungen zu suchen, Parolen aufstellt; an den Menschen, indem er sie zwingt, statt sie zu überzeugen.

Im letzten gibt es nur eine Quelle wirklicher Kraft, das ist die Wahrheit – jene Wahrheit, die der Mensch nicht selbst schafft, sondern in Ehrfurcht aus Gottes Schöpfung empfängt.

Topos-Taschenbücher